no

Il mosaico dell'abside di S. Paolo

The mosaic in the apse of St. Paul

La mosaïque de l'abside de St. Paul

Das Apsismosaik in St. Paul

El mosaico del ábside de S. Pablo

Libreria Editrice Vaticana

English traslation: John A. Abruzzese
Traducion française: Daniel Demongeot
Übersetzung aus dem Italienischen: Beate Jarzombski
Traducción en español: Alfredo Pros Jordá

ISBN 88-209-46335

Copertina, cover, couverture, Titelblatt, cubierta:
Particolare del mosaico absidale, Detail of Apse Mosaic, Détail de la mosaïque de l'abside,
Detail des Apsismosaiks, Particular del mosaico del ábside.
Basilica di S. Paolo fuori le mura - Roma

In 4ª di copertina, back cover, 4ᵉ de couverture, Einbandrückseite, contra cubierta:
Stemma di S. Paolo, Arms of St. Paul, Armoiries de Saint-Paul, Wappen des Hl. Paulus, Escudo de S. Pablo
Basilica di S. Paolo fuori le mura - Roma

Progetto grafico e stampa, graphic layout and printing, projet graphique et imprimerie, Layout Graphik und Druck, imprenta y gràfica
Grafiche Grilli srl - 71100 Foggia - Italy

Foto, photograph, photographies, Fotografien, fotos: www.studiorifrazioni.it

Prefazione

L'inno *Gloria in excelsis Deo* da secoli è presente nella celebrazione festiva dell'Eucarestia. Numerosi musicisti e pittori di ogni epoca e stile ne hanno cantato la bellezza.

Mons. Crispino Valenziano[1] con questo libro, edito in cinque lingue, ci offre un incisivo commento di tale inno, splendidamente raffigurato nel mosaico del catino absidale della Patriarcale Basilica di San Paolo fuori le mura, che può essere considerato una delle pagine più belle della "Bibbia dei poveri" (*Biblia pauperum*), cioè delle raffigurazioni artistiche, che prima dell'invenzione della stampa erano l'unico sussidio ove le persone non istruite potevano "leggere", contemplare e meditare le varie tappe della storia della salvezza.

Gli antichi Padri della Chiesa hanno evidenziato l'importanza dell'immagine sia per illustrare le verità della fede che per additare il comportamento esemplare dei Santi. A proposito San Giovanni Damasceno (675-754) afferma: "Ciò che la Bibbia è per la persona istruita, l'immagine lo è per gli analfabeti, e ciò che la parola è per l'udito, l'immagine lo è per la vista" [2].

Per la Chiesa le immagini non hanno solo lo scopo di istruire, ma anche quello di offrire un preciso orientamento di vita improntato al Vangelo, come osserva San Gregorio Magno (540-604): "Ciò che per i lettori è la scrittura, lo è l'immagine per gli occhi di coloro che non sono istruiti, perché in essa persino gli ignoranti *vedono* ciò che devono *imitare*"[3].

Nel nostro caso, il mosaico che illustra l'inno *Gloria in excelsis Deo* non è una semplice catechesi, ma una "catechesi mistagogica"; ossia la Chiesa, seguendo un uso largamente consolidato e fortemente efficace nella tradizione d'Oriente e d'Occidente, offre "l'Inno degli angeli e degli uomini" in una mirabile fusione con la celebrazione liturgica.

Da qui la finalità di questa pubblicazione: aiutare a "leggere" il mosaico absidale della Patriarcale Basilica di San Paolo per poter più facilmente "vivere" il suo messaggio, partecipando attivamente alla Liturgia eucaristica, e per prolungare nella vita il canto di lode: "Gloria a Dio nel più alto dei cieli".

+ Francesco Gioia, Arcivescovo
Amministratore Pontificio
della Patriarcale Basilica
di San Paolo

Roma, 29 giugno 2003, *Solennità dei SS. Pietro e Paolo, Apostoli*

TAVOLA · TABLE · ILLUSTRATION · ABBILDUNG · TABLA **1**

Il mosaico dell'abside di San Paolo fuori le Mura che domina la basilica Paolina della via Ostiense è, nel suo genere, una proposta originalissima dell'inno biblico-liturgico *Gloria in excelsis Deo* (Gloria a Dio nel più alto dei cieli), la così detta "grande dossologia", il grande inno laudativo che da secoli e secoli si canta nella celebrazione eucaristica[4]. La traduzione seguente è quella che tenta di accostarsi il meglio possibile alla redazione più autentica:

"Gloria a Dio nel più alto dei cieli
e pace in terra agli uomini che egli ama!
Noi ti lodiamo, ti benediciamo,
ti adoriamo, ti glorifichiamo,
ti rendiamo grazie per la tua gloria immensa:
Signore, Re del cielo, Dio Padre *Pantokrator*
Signore, Figlio Unigenito, Gesù Cristo
e Spirito Santo!
Kyrie Dio, Agnello di Dio, Figlio del Padre,
tu che togli i peccati del mondo
abbi di noi misericordia!
Tu che togli i peccati del mondo
accogli la nostra supplica!
Tu che siedi alla destra del Padre
abbi di noi misericordia!
Perché tu il solo Santo, tu il solo Signore
tu solo l'Altissimo!
Gesù Cristo
con lo Spirito Santo
per la gloria di Dio Padre!
Amen".

Lassù, tra 16-28 metri d'altezza circa, risplende un catino d'oro che abbraccia tutti e 24 i metri di larghezza sviluppati dall'aula davanti all'altare della confessione apostolica *(Tavola 1)*. Agli storici piacerebbe saperne di più; noi ne raccogliamo dalla tradizione del monastero benedettino deputato alla basilica le notizie che bastino alla nostra lettura.

È probabile che una teofania absidale illuminasse la *domus* dell'Apostolo sin dalla costruzione post costantiniana, ad opera dell'architetto Ciriade, stabilita dagli imperatori Teodosio, Arcadio e Valentiniano nel 386 e dedicata da papa Siricio nel 390. Restauro appresso a restauro, da Leone Magno (440-461) che ricostruisce il tetto crollato per un fulmine e fa mosaicare l'arco trionfale giunto sino a noi, a Simmaco (498-514) che restaura l'abside; da Leone III (795-816) che dovette riparare i danni del terremoto nell'801, a Gregorio VII (1073-1085) che poté accrescere la bellezza dell'edificio e del culto da abbate del cenobio monastico da arcidacono e

TAVOLA 1

da vescovo della Chiesa romana; è certo che durante il pontificato di Innocenzo III (1198-1216) nella conca absidale si rifà la composizione giunta sino a noi, e che nel 1218 Onorio III richiede al Doge di Venezia due artefici da aggiungere ai mosaicisti che conducono già l'opera. Un restauro ordinato dal cellerario del monastero, Innocenzo di Ca' de Bruni monaco veneziano, e mal riuscito, dà inizio nel 1566 al progressivo degrado del mosaico. Benedetto XIII (1724- 1730) s'impelagò nella correzione di quei lavori sfortunati, Clemente XII (1730-1740) li proseguì e li interruppe, Benedetto XIV (1740-1755) li condusse a termine con danni ulteriori; risale a questo suo ultimo intervento addirittura la resecazione dall'insieme di sette brani che furono rifatti interamente; tra i quali brani è la testa di San Pietro attualmente attaccata con altri lacerti alle pareti antistanti la sacrestia *(Tavola 2).*

TAVOLA 2

Lo sciagurato incendio del 1823, infine, non colpì tanto l'opera quanto la danneggiarono i pesantissimi interventi di ricostruzione dell'edificio. Le parti interessate furono staccate con le tecniche poco affidabili ottocentesche, restaurate senza molti scrupoli conservativi, e tutta la superficie fu pettinata con cenere di feccia che raccordasse i toni colorici del preesistente con il sostituito.

Ma leggiamo la composizione musiva dal centro al suo irradiarsi.

TAVOLA 3

Al centro *(Tavola 3)* IC+XC, Gesù Cristo, assiso sul trono parusiaco, ossia della sua venuta finale, che con la destra benedice gli eletti e con la sinistra apre il suo Vangelo alla promulgazione del giudizio: *Venite Benedicti Patris Mei / Percipite Regnum Quod Vobis Paratum Est Ante Originem Mundi* (Mt 25,34: "Venite benedetti del Padre mio, possedete il regno che a voi è stato preparato da avanti l'origine del mondo"). Parla il Cristo Re della gloria, il Figlio sempiterno del Padre, venuto giudice atteso dalla destra di Dio. A lui tutti e tutto convergono.

TAVOLA 4

Al suo piede destro *(Tavola 4)* Onorio III (1216-1227) è il papa compitore del mosaico medievale. È l'immagine alla quale, indimenticabilmente, si riferì papa Paolo VI nella sua prima allocuzione ai vescovi del Vaticano II il 29 settembre 1963: "Si presenta ai nostri occhi rapiti e smarriti Gesù stesso rifulgente di tanta maestà quanta nelle vostre basiliche, venerabili fratelli delle chiese d'Oriente e pure delle chiese d'Occidente, appare del *Pantokrator*. E noi stessi ci vediamo in persona del nostro predecessore Onorio III nello splendido mosaico di San Paolo fuori le Mura raffigurato adorante il Cristo, piccolo nella statura e annichilito prostrato in terra a baciare i piedi del Cristo che grandioso presiede l'assemblea raccolta nella basilica, cioè la Chiesa".

TAVOLA 5

Ma al vertice *(Tavola 5)* non c'è la Mano emblema del Padre; né se ne ha notizia nella raffigurazione originaria. E non c'è la Colomba emblema dello Spirito Santo nella *Etoimasia tou thronou* (Preparazione del Trono) per la Seconda Venuta del Salvatore; nel nostro mosaico l'Etimasia *(Tavola 6)* è soltanto cristologica. Sopra il cuscino purpureo del trono gemmato sta l'Evangeliario chiuso, e la Croce, gemmati l'uno e l'altra; non c'è dossale ma, dietro al cuscino, la corona di spine innalzata su un'asta e la lancia della trasverberazione sponsale, la spugna dell'aceto attaccata a una canna, e i chiodi della crocifissione immersi nel calice del Sangue.

Nel registro superiore, alla destra del Cristo in trono Paolo *(Tavola 7)*, titolare della *domus* basilicale, con il cartiglio dell'inno della *kenosis* nella fine: *In nomine Jesu omne genuflectatur coelestium terrestrium et infernorum*, (Fil 2,10: "Nel nome di Gesù ogni ginocchio si pieghi (degli esseri) sopra il cielo e sulla terra e sotto terra"); alla destra di lui, Luca *(Tavola 8)*, il discepolo evangelista, *ho agapetós*, "il carissimo" (Col 4,14) che a Roma, nell'imminenza del martirio, *est mecum solus* (2Tm 4,11: "Egli solo è con me") con il cartiglio della propria testimonianza sulla confessione cristologica fondativa degli Atti di Paolo: *Saulus autem convalescebat et confutabat Judeos affirmans quia hic est Christus*, (At 9,22: "Saulo si rinvigoriva e confondeva i Giudei di Damasco dimostrando che egli è il Cristo"). Il mosaicista ottocentesco ha riconfigurato grossamente le due raffigurazioni.

Alla sinistra del Cristo in trono Pietro *(Tavola 9)*, l'apostolo "pietra" referenziale della Chiesa, con il cartiglio della confessione cristologica di paragone: *Tu es Christus Filius Dei vivi*, (Mt 16,16: "Tu sei il Cristo il Figlio di Dio il Vivente"); alla sinistra di lui, Andrea *(Tavola 10)*, l'apostolo primo chiamato, il fratello di Simone Pietro che al Cristo lo condusse (Gv 1,40-42), con il cartiglio della narrazione sulla testimonianza cristologica nella croce del martirio: *Beatus Andreas dum pendebat in cruce deprecabatur Dominum Jesum Christum* (*Passio Andreae*, 14: "Il beato Andrea appeso alla croce pregava il Signore Gesù Cristo"). Il mosaico è riconfigurato purtroppo similmente alla metà corrispondente.

Il registro superiore situa in intero la epifania parusiaca nel "giardino", *parádeisos*, che significa recintato e coltivato in bellezza compiuta, *hortus conclusus (Tavola 11)* classico per la figuratività escatologica: fiorito, abitato, irrigato a trasposizione apocalittica (Ez 47; Ap 22) dell'eden iniziale (Gen 2). In esso, pianta eminente è "l'albero della vita" che gli artisti d'iconi spesso immaginano tramite la palma, albero dai "360 frutti e 360 prospettive", uno per ogni giorno del tempo e una per ogni luogo dello spazio[5]. Nel nostro mosaico *(Tavola 12)* albero della vita trapiantato in mezzo al giardino (Gen 2,9) a "una riva e l'altra del fiume" (Ez 47,12; Ap 22,2) la palma sta a rincludere, da sinistra e da destra specularmente, l'intera epifania parusiaca.

A raccordo tra il registro superiore e il registro inferiore stanno i due troni, lì il Trono della "Seconda Venuta" qui il Trono *inter*

TAVOLA 6

TAVOLA 7

TAVOLA 8

TAVOLA 9

TAVOLA 10

TAVOLA 11

TAVOLA 12

tempora, "nel frattempo" *(Tavola 13)* - come al "trono della parusia" c'è papa Onorio III, così al "trono preparato" c'è l'abate Giovanni Caietani (1212-1226) con il sacrista Arnulfo e in mezzo a loro i santi Innocenti, dei quali erano venerate in basilica reliquie che Sisto V (1585-1590) trasferì a Santa Maria Maggiore *ad presepe*, vicino alla reliquia della mangiatoia di Betlemme -; il giardino-paradiso, lì invocazione del compiuto qui evocazione del perduto, ritmati entrambi dall'albero della vita ripetuto e moltiplicato sull'impianto genesiaco dalla visione apocalittica vetero e neotestamentaria (vedilo nelle *Tavole* precedenti e nelle *Tavole* seguenti) - ma nel giardino definitivo senza interferenza d'altra pianta, mentre nel giardino già-non-ancora con l'impianto dell'albero di conoscenza del bene e del male (vedilo nella *Tavola 15*) -; il coro degli Apostoli, lì 4 a professione cristologica qui 12 a proclamazione della grande dossologia: *l'apostoleíon*, "il collegio degli apostoli", normalmente è raffigurato mediante 12 discepoli "chiamati e inviati direttamente"; la defezione di Giuda Iscariota sostituito dagli Undici con Mattia che insieme ad essi fosse testimone della Risurrezione (At 1,15-26) l'aggiunta di Saulo per voce del Risorto in persona (At 9,1-20) la considerazione apostolica in senso proprio degli evangelisti Marco e Luca non enumerabili tra "i Dodici" (Mt 10; Mc 3; Lc 6; At 1) sono stati motivo di accorgimenti diversi nella raffigurazione del simbolico 12.

Nel nostro mosaico, che esalta l'ermeneutica cristologica della composizione mediante l'iconizzazione dei 4 "attestatori" del Cristo nel registro superiore, i 12 enumerati nel registro inferiore sono 9 dell'originario collegio apostolico: Giacomo di Zebedeo, suo fratello Giovanni l'evangelista, Bartolomeo-Natanaele, Filippo, Tommaso-Didimo, Matteo-Levi l'evangelista, Simone lo Zelota, Giacomo d'Alfeo, Giuda-Taddeo, e insieme ad essi 3 sopranumerari: Mattia il sostituto, Marco l'evangelista, e Barnaba di cui le Chiese hanno dovunque fatto sempre memoria quale apostolo in senso proprio.

Nel registro inferiore, a sinistra e a destra della Etimasia stanno nel giardino e tra le palme un angelo e un angelo che intonano l'"inno angelico" con sei apostoli e sei apostoli che lo proseguono. Che l'inno sia intonato dagli angeli è cosa chiara per sé; che lo proseguano gli apostoli è cosa da spiegare, ma è cosa esplicativa essa stessa. Una lunga tradizione largamente diffusa ha attribuito ai Dodici la formulazione dei dodici articoli del simbolo di Fede detto, appunto, "apostolico". Nel secolo XVII qualcuno l'ha accuratamente raccolta e riesposta organicamente[6]; inevitabilmente, ha dovuto collazionare certe artificiosità nel concordare il senso di questo o di quell'articolo di fede con l'indole trasmessa di questo o di quell'apostolo, ma pure ha potuto illustrare utilmente il senso del simbolo con tratti di luminosità apportati da certe concordan-

TAVOLA 13

TAVOLA 14

TAVOLA 15

ze. A sua volta, il formatore iconologico della nostra iconografia avrà proceduto analogamente, poiché l'ordine della successione appare intenzionale alla "concordanza" tra l'indole d'ogni apostolo titolare e la sequenza testuale dell'inno. Adesso che le tecniche di codificazione e decodificazione iconica ci si apre, la nostra ermeneutica ha da attingerne le fruizioni evitando di precludersele e anzi accendendo la curiosità.

I due angeli alati e vestiti di bianco, proponendo il loro inno alla Prima Venuta del Salvatore additano il trono preparato per la sua Seconda Venuta; scandendo in tal modo sul frattempo dell'economia salvifica spazio-temporale lo spazio escatologico del giardino edenico dai dodici alberi, gli sprovveduti mosaicisti ottocenteschi hanno intruso l'accenno d'una tredicesima e quattordicesima pianta alle estremità destra e sinistra della sequenza d'apostoli. L'angelo a sinistra della Etimasia *(Tavola 14)* reca nel cartiglio: *Gloria* [excelsis] *Deo* (Lc 2,14a : "Gloria a Dio nel più alto dei cieli").

L'angelo a destra *(Tavola 15)*: *Et in terra pax hominibus bonae voluntatis* (Lc 2,14b: "E pace in terra agli uomini che egli ama"). Non sono denominati né l'uno né l'altro, nulla quindi si aggiunge a tutto ciò che l'esegesi patristica, dottorale e scientifica del Vangelo lucano insegna. Ma a fianco del secondo angelo non sta la palma, albero della vita, sta un melangolo, albero della conoscenza del bene e del male. I mosaicisti si scostano dai moduli del pomo che negli stessi anni '10 del XIII secolo si esegue sulla cupoletta dell'Esamerone nel nartece della basilica di San Marco a Venezia e si riaccostano al modulo del melangolo, dai seducenti frutti d'oro, che negli anni '40 e negli anni '80 del secolo XII era stato eseguito sulle pareti nella navata della cappella palatina di San Pietro a Palermo e della basilica monastica di Santa Maria Nuova a Monreale (in San Paolo fuori le Mura a Roma lavorano, dunque, solo mosaicisti veneziani?).

Il coro dei Dodici nel registro inferiore esegue la prima parte e la seconda della grande dossologia a "quattuor" in ognuno dei quali sta un evangelista - Luca, autore della intonazione, sta nel "quattuor" del registro superiore -. Le esclamazioni dossologiche della prima parte: Giacomo (il Maggiore), Giovanni (evangelista), Bartolomeo, Filippo, Tommaso, Matteo (evangelista), Simone, Giacomo (il Minore); la supplica litanica della seconda parte, Mattia Giuda Marco (evangelista) Barnaba. Ciascun movimento di quattro evangelizzatori della Risurrezione sta per un distinto atteggiamento pasquale nella esistenza degli uomini amati da Dio e da lui convocati alla economia salvifica della comunione con il Cristo ricapitolatore di tutte le cose.

Ogni apostolo propone il suo cartiglio a coro battente, così come i due angeli intonatori, dalla sinistra alla destra del Cristo assiso e della sua Etimasia, secondo l'uso affermato e propagato dalla esecuzione del canto gregoriano.

Giacomo

Laudamus Te (Noi ti lodiamo) *(Tavola 16)*

TAVOLA 16

La prima esclamazione è affidata a Giacomo di Zebedeo che insieme a suo fratello Giovanni e a Pietro è testimone privilegiato di Gesù. Ad essi il signore riservò d'essere presenti alla guarigione della suocera di Simone (Mc 1,29) alla risurrezione della figlia di Giairo (Mc 5,37) alla trasfigurazione gloriosa (Mt 17,1) e alla agonia mortificante (Mt 26,37), ed egli fu il primo tra gli apostoli che rese testimonianza al Risorto con il proprio sangue (At 12,2).

Ma il mosaico segna curiosamente l'inizio "laudativo" dell'inno degli uomini a eco dell'inno degli angeli; il *titulus*, (la denominazione), dell'apostolo a suo modo "primo testimone" *Sanctus Iacobus*, (San Giacomo) è scritto in due riprese verticali da destra verso sinistra e, addirittura con capovolgimento speculare delle lettere di destra: BUS|Ƨ IAƆO. È che l'icone musiva intende l'inno degli uomini nella grande dossologia, quale "laudativa" risposta a specchio di prosecuzione agli angeli in virtù di presenza ai misteri ed eventi dei quali il Cristo Signore ci fa testimoni.

Di questa nostra "presenza" gli rendiamo testimonianza cantando con la nostra esistenza quella "lode" di cui David: "Sulla mia bocca sempre la sua lode" (Sal 33,2) e ancora nel Salterio: "Della tua lode è piena la mia bocca, della tua gloria tutto il giorno" (Sal 70,8); "Esultino i fedeli nella gloria... la lode di Dio sulla loro bocca" (Sal 149,5-6); e Paolo: "Possiate essere irreprensibili per il giorno del Cristo, ricolmi di quei frutti di giustizia che si ottengono mediante Gesù Cristo, a gloria e lode di Dio" (Fil 1,10-11).

Giovanni

Benedicimus Te (Ti benediciamo) *(Tavola 17)*

TAVOLA 17

La risposta alternante è di Giovani, l'altro testimone privilegiato insieme a suo fratello Giacomo e a Pietro. La nostra "benedizione" è affidata a lui che non soltanto ha insistito nel suo Vangelo (Gv 12,13) sulla ripresa della benedizione dall'*Hallel*, ("Benedetto colui che viene nel nome del Signore" fatta da tutti e tre gli evangelisti sinottici Sal 117,26; Mt 21,9; Mc 11,9; Lc 19,38: "Benedetto colui che viene, il re, nel nome del Signore! Pace in cielo[7] e gloria nel più alto dei cieli!"); ma inoltre ne ha protratto il canto nella sua visione (Ap 4,8) sino alla "apparizione" di Dio Pantokratore e dell'Agnello immolato vincitore: "Quando quei Viventi rendevano gloria e Benedizione a Colui che è assiso sul trono e vive nei secoli dei secoli, i ventiquattro Anziani si prostravano davanti a Colui che è assiso sul trono e adoravano Colui che vive nei secoli dei secoli...

IC XC
VENI TE BE NEDIC TI PA TRIS MEI
PER CIPI TERE GNUM Q.V.P. AO.M.

Dicevano a gran voce:

'L'Agnello che è stato immolato è degno
di potenza e ricchezza sapienza e forza
e onore e gloria e benedizione'.

E ogni creatura che è nel cielo e sulla terra e sotto la terra e nel mare e ogni cosa lì contenuta udii che dicevano:

'A Colui che è assiso sul trono e all'Agnello
benedizione e onore e gloria e potenza
nei secoli dei secoli!' (Ap 4,9; 5,13).

È che l'icone musiva intende la nostra benedizione indirizzata all'Agnello che è venuto nel nome del Signore e che, risorto, ritorna vincitore. Benedizione che sale verso di lui in questa attesa della benedizione sua che discenda verso di noi, a portare "il regno preparato da avanti l'origine del mondo" a quelli "il cui nome è scritto nel libro della vita dell'Agnello immolato sin dalla fondazione del mondo" (Ap 13,8).

Bartolomeo

Adoramus Te (Ti Adoriamo) *(Tavola 18)*

TAVOLA 18

Identificato con Natanaele, Bartolomeo è l'apostolo che a Gesù è condotto da Filippo, e che il Messia accoglie con l'elogio: "Ecco davvero un Israelita in cui non c'è falsità" (Gv 1,48). Iniziando con perplessa speranza (Gv 1,46) senza ritardare finisce con fede dichiarata: "Tu sei il figlio di Dio, tu sei il re d'Israele!"(Gv 1,49). A lui Gesù ha detto allora: "Vedrete il cielo aperto e gli angeli di Dio salire e scendere sul Figlio dell'Uomo" (Gv 1,51). Peraltro, negli atti apocrifi di Bartolomeo si racconta che a Bosra città della Celesiria egli risuscitò un giovane portato a seppellire: una lingua di fuoco uscì dalla sua bocca e passò alla bocca del giovane reinfondendogli la vita. Tutti ne furono sbigottiti da scambiarlo per un dio a cui offrire sacrifici (è lo schema di At 14,8-18); ma l'apostolo predicò il Vangelo di Gesù e li convertì alla adorazione del Figlio di Dio fatto Figlio dell'Uomo, morto e risorto[8].

Così l'icone illustra l'adorazione nel nostro inno cominciato dagli angeli che scendevano e salivano sul nato Salvatore (Lc 2,9-15) rivolta a lui che professiamo davvero "Figlio di Dio" e ci si svela in fede e speranza "Figlio dell'Uomo" morto e risorto.

Filippo

Glorificamus Te (Ti glorifichiamo) *(Tavola 19)*

TAVOLA 19

Le esclamazioni dossologiche di "lode, benedizione, adorazione" si concludono con l'esclamazione dossologica di "gloria": esclamazione, dunque, reduplicativa, una sorta di illuminazione dell'inno dall'interno dell'inno.

Affidata all'apostolo della visione; poiché Filippo, dalla prima costringente vocazione all'ultima affettuosa rivelazione, è discepolo di visione. La prima vocazione ("il giorno dopo" la vocazione di Andrea e di suo fratello Simon Pietro): "Gesù incontrò Filippo e gli disse: Seguimi!" (Gv 1,43); nessuna parola di Filippo in risposta a Gesù, ma noi vediamo l'apostolo seguire il Maestro perché "Filippo incontrò Natanaele e gli disse: Abbiamo trovato colui del quale hanno scritto Mosé nella legge e i profeti, Gesù figlio di Giuseppe di Nazaret. Natanaele esclamò: "Da Nazaret può mai venire qualcosa di buono? Filippo gli rispose: Vieni e vedi!" (Gv 1,45-46). Gesù "vede" Natanaele che s'incammina incontro a Lui (Gv 1,47) lo meraviglia svelandogli d'averlo "visto" sotto il fico (Gv 1,48-50) e afferma davanti a Natanaele che ascolta e a Filippo che "vede": "Vedrete il cielo aperto e gli angeli salire e scendere sul Figlio dell'uomo" (Gv 1,51).

L'ultima rivelazione (a tavola con loro): "Gli disse Filippo: Signore, mostraci il Padre e ci basta. Gli rispose Gesù: Da tanto tempo sono con voi e tu non mi hai conosciuto, Filippo? Chi ha visto me ha visto il Padre!" (Gv 14,8-9). Dalla vocazione che Filippo segue ingegnandosi di vedere "colui del quale hanno scritto Mosé e i profeti", alla rivelazione perché egli rifletta sino alla estrema conclusione su colui che ha visto "da tanto tempo", accade a lui così come ai discepoli di Emmaus: "alcune donne delle nostre recatesi al sepolcro... sono venute a raccontarci di avere avuto una visione di angeli che lo dicono vivo. Alcuni dei nostri sono andati al sepolcro ma lui non l'hanno visto... Cominciando da Mosé e da tutti i profeti egli spiegò loro in tutte le Scritture ciò che si riferiva a lui... Quando fu a tavola con loro, prese il pane disse la benedizione lo spezzò e glielo diede. Allora i loro occhi si aprirono... ma egli sparì dalla loro vista" (Lc 24,22-31).

E dalla prima vocazione all'ultima rivelazione, Filippo svolge anche il ministero apostolico di visione: "La gran folla che era venuta per la festa, udito che Gesù veniva a Gerusalemme, prese rami di palme e uscì incontro a lui gridando: Osanna! Benedetto colui che viene nel nome del Signore, il re d'Israele!... Tra quelli che erano saliti per il culto durante la festa, c'erano alcuni Greci: Questi si avvicinarono a Filippo e gli chiesero: Vogliamo vedere Gesù!... Allora Gesù disse: Ancora per poco tempo la luce è con voi. Camminate mentre avete la luce. Mentre avete la luce credete nella luce per diventare figli della luce!" (Gv 12,12-36). Il cartiglio della esclamazione dossologica reduplicativa in mano all'apostolo della visione mi richiama l'uso celebrativo del rito bizantino che introduce il canto del *Gloria* con il canto di un'esclamazione prolettica anch'essa reduplicativa: *Doxa soi to deixanti phos*, (Gloria a te che hai mostrato la luce). Gloria come luce, luce come visione; è così che il nostro inno "s'illumina".

Tommaso

Gratias agimus tibi propter magnam gloriam tuam (Ti rendiamo grazie per la tua gloria immensa) *(Tavola 20)*

TAVOLA 20

La gloria sin qui acclamata ora è motivo d'un "rendimento di grazie" che colora il nostro inno con l'interezza della storia di salvezza; *eucharistoumen dia ten megalen sou doxan*, (poiché immensa è la tua gloria noi ti rendiamo grazie).

Suggestione che, ben conseguenzialmente, ci insinua l'attribuzione di questa esclamazione a Tommaso. Infatti quell'apostolo proverbiale per la sua "incredulità" nella risurrezione di Gesù si caratterizza ugualmente per il suo coinvolgersi appassionato nel rischio della risurrezione di Lazzaro: "Gesù disse: Questa malattia non è per la morte, è per la gloria di Dio, perché per essa il Figlio di Dio sia glorificato. Gesù voleva molto bene a Marta e a sua sorella e a Lazzaro. Quand'ebbe sentito che era malato, si trattenne due giorni nel luogo dove si trovava. Poi disse ai discepoli: andiamo di nuovo in Giudea. I discepoli gli dissero: Rabbì, poco fa i giudei tentavano di lapidarti e tu ci vai di nuovo?... Allora Tommaso, chiamato Didimo, disse ai condiscepoli : andiamo anche noi e moriamo con lui... Gesù disse: Padre, ti rendo grazie che mi hai ascoltato. Io so che tu mi ascolti sempre ma l'ho fatto per la folla intorno, affinché credano che tu mi hai mandato..." (Gv 11,4-42).

La risurrezione dell'amico è tipo della risurrezione della moltitudine che egli salva con la sua morte; Tommaso si è fatto disponibile a morire con Gesù per la glorificazione del Figlio di Dio nella risurrezione che egli andava ad operare. E non commuoverebbe il nostro rendimento di grazie per la sua gloria immensa, il dramma da lui vissuto nel frattempo dell'assenza alla presenza del Risorto? (Gv 20,24-29).

Matteo

Domine Deus Rex coelestis (Signore, Re del cielo, Dio) *(Tavola 21)*

TAVOLA 21

L'agiografo del primo dei Vangeli Sinottici ha apprestato nel registro superiore il testo decisivo per l'Evangeliario del Cristo in gloria e per il cartiglio di Pietro; nel registro inferiore egli interviene una seconda volta altrettanto decisivamente.

L'evangelista Matteo descrive la Seconda Venuta del Figlio di Dio non soltanto indicando il "regno" l'eredità dei suoi santi ma anche chiamando "re" il Cristo Signore: "Quando il Figlio dell'uomo verrà nella sua gloria... si assiderà sul trono della sua gloria. Allora il re dirà...: Venite benedetti del Padre mio, possedete il regno che a voi è preparato da avanti l'origine del mondo" (Mt 25,31-34). Ed ha descritto la Prima Venuta del Figlio dell'uomo, narrandone tanto la "condanna" regale da parte di re Erode quanto il glorioso riconoscimento "regale" da parte d'adoratori di tra le genti: "Gesù nacque a Betlem di Giuda al tempo di re Erode.

Alcuni Magi giunsero da Oriente a Gerusalemme e domandavano: "Dov'è il re dei Giudei che è nato? Abbiamo visto la sua stella e siamo venuti per adorarlo....Videro il bambino con Maria sua madre e prostratisi lo adorarono. Poi aprirono i loro scrigni e gli offrirono in dono oro incenso e mirra..." (Mt 2,1-2.11). La scelta dell'apostolo Matteo per il titolo di *Rex coelestis* al "Signore" di cui cantiamo la "gloria immensa" ritagliando il v. 4 del *Gloria* - "Signore Dio re del Cielo / Dio Padre Onnipotente" - è proclamazione di tale determinazione decisiva.

TAVOLA 22

SIMONE

Deus Pater Omnipotens (Dio Padre Onnipotente) *(Tavola 22)*

Intendendo escludere il riferimento di: "Signore Dio re del Cielo" al concomitante: "Dio Padre onnipotente" e includerlo, invece, al successivo: "Signore Figlio unigenito Gesù "Cristo", per la identificazione del "Tu" di cui cantiamo "la gloria immensa" è necessario dare il residuo del ritaglio quasi in parentesi.

Il mosaicista s'è presa la responsabilità di farlo con i due accorgimenti, più o meno plausibili, di tagliare - caso unico in tutta la sequenza - il versetto affidandone quella prima metà da esaltare all'evangelista a cui abbiamo guardato, e di attribuire questa seconda metà da "oscurare" all'apostolo Simone di cui ci è oscuro tutto. Detto, però "lo zelota", lo si penserebbe passato alla sequela di Gesù dalla setta dei "gelosi" (in ultima analisi, è il senso dell'etimo), che "lottavano disperatamente e morivano fanaticamente per la libertà politica da riacquistare fondamentalisticamente ad ogni costo, convinti che Dio solo è la loro guida e il loro re" [9].

TAVOLA 23

GIACOMO

Domine Fili Unigenite Jesu Christe (Signore, Figlio Unigenito, Gesù Cristo) *(Tavola 23)*

Il corrispettivo cristologico del titolo "re del Cielo": *Fili Unigenite*, è affidato a Giacomo d'Alfeo, "il fratello del Signore"(Gal 1,19; Mt 13,55). A lui il Cristo risorto apparve prima che agli apostoli insieme (1Cor 15,7). "Resse" lui la Chiesa di Gerusalemme (At 12, 17). Pietro Giovanni e lui furono "ritenuti le colonne" (Gal 2,9). Lo si è assimilato all'autore della lettera intestata "Giacomo, servo di Dio e del Signore Gesù Cristo, alle dodici tribù disperse nel mondo" (Gc 1,1).

Probabilmente per la sua dignità famosa, per il suo ministero primaziale nella Chiesa madre gerosolimitana, per l'apparizione

TAVOLA · TABLE · ILLUSTRATION · ABBILDUNG · TABLA **4**

speciale del Risorto e per la sua percezione della prossimità imminente del Signore; sicuramente per la sua consanguineità con il Figlio Unigenito di Dio; egli chiude la prima parte dell'inno.

TAVOLA 24

Mattia

Domine Deus, Agnus Dei Filius Patris (Signore Dio, Agnello di Dio, Figlio del Padre) *(Tavola 24)*

La litania è rivolta all'Agnello - con le risonanze che l'Agnello ha, da *Genesi* a *Esodo* da Giovanni Battista a Giovanni Evangelista, dalla *1 Pietro* all'*Apocalisse* - All'apostolo cooptato dagli Undici ne è affidato il vocativo iniziale che sarà qualificato da due evocazioni, una ripetuta litanicamente*: Qui tollis peccata mundi* (Tu che togli i peccati del mondo) e una conclusiva: *Qui sedes ad dexteram Patris* (Tu che siedi alla destra del Padre) e da due invocazioni, una ripetuta litanicamente: *miserere nobis* e una mediana: *suscipe deprecationem nostram* (accogli la nostra supplica). Vocativo iniziale che nomina Dio, Agnello di Dio, Figlio del Padre, il "Signore", *Kyrie*, cioè vocativo di narrazione plenaria del Signore Gesù dalla vita divina immanente alla divina economia salvifica plenaria.

Il mosaicista ha perciò addirittura anticipato Mattia, l'apostolo aggiunto, a Giuda Taddeo apostolo dell'originario Collegio dei Dodici, avendo percepito che un tale vocativo è, appunto, monodico alla qualificazione di Mattia: la quale, a suo modo, è plenaria dalla teofania nel Giordano alla assunzione celeste della umanità; infatti dice Pietro ai fratelli stabilendone la cooptazione nel Collegio apostolico: "...tra coloro che ci sono stati compagni per tutto il tempo in cui il Signore Gesù ha vissuto in mezzo a noi, incominciando dal Battesimo di Giovanni sino al giorno in cui è stato di tra noi assunto in cielo, uno divenga insieme a noi testimone della sua risurrezione" (At 1,21-22). La nostra supplica nell'inno è litanica memoriale in intero del *descensus-ascensus* (discesa-ascesa) di Cristo Salvatore.

TAVOLA 25

Taddeo

Qui tollis peccata mundi miserere nobis (Tu che togli i peccati del mondo, accogli la nostra supplica) *(Tavola 25)*

"Gli disse Giuda, non l'Iscariota: Signore, cosa è accaduto che stai per manifestarti a noi e non al mondo? Gli rispose Gesù: Se uno mi ama, osserverà la mia parola e il Padre mio lo amerà e noi verremo a lui e dimoreremo presso di lui" (Gv 14,22-23).

La domanda dell'apostolo Giuda Taddeo al Maestro volge la nostra supplica litanica alla considerazione sulla misericordia dell'Agnello "che toglie i peccati del mondo" semplicemente come amore di Dio dimorante in noi; e misericordia che si manifesta a chiunque "lo ama e osserva la sua parola", a chiunque, cioè si mette alla sua sequela senza riserva nella intimità discepolare.

Marco

Qui tollis peccata mundi suscipe deprecationem nostram (Tu che togli i peccati del mondo, accogli la nostra supplica) *(Tavola 26)*

TAVOLA 26

All'Agnello "che toglie i peccati del mondo" la litania chiede anche: "accogli la nostra supplica"; reduplicando, stavolta, la supplica stessa.

Questa insistenza, tipica della preghiera litanica, è proposta dal discepolo evangelista carissimo all'apostolo Pietro: "Marco mio figlio" (1Pt 5,13) - "il cugino di Barnaba" (Col 4,10) - A me pare che a sceglierlo per essa influisca quel tardivo apocrifo, pubblicato nei recenti anni '60 del secolo XX da un manoscritto del Monte Athos copiato nel periodo stesso in cui i mosaicisti veneziani lavoravano nella basilica romana - sono i tardivi "Atti, miracoli e martirio del santo e piissimo apostolo evangelista Marco", allora diffusi nelle sponde dell'Adriatico -. In essi si racconta che Marco fu discepolo prima di Giovanni Battista e poi di Gesù.

La pericope evangelica sui preparativi dell'ultima cena è autobiografica: "Andate in città e vi verrà incontro un uomo con una brocca d'acqua; seguitelo, e lì dove egli entrerà dite al padrone di casa: Il maestro dice: Dov'è la mia stanza perché io vi possa mangiare la Pasqua?"(Mc 14,13-14); l'uomo che fu "segno" verso il luogo di preparazione dell'Agnello pasquale era, appunto, Marco. Evangelizzò Antiochia, Seleucia, Cesarea, "prima con Barnaba poi con Paolo infine con Pietro che accompagnò a Roma dove scrisse il secondo Vangelo. Da Roma Pietro lo inviò ad Alessandria in Egitto. Partì a predicare e compì molti prodigi, egli che aveva appena scritto: "Gesù disse loro (agli Undici): Andate in tutto il mondo e predicate il Vangelo ad ogni creatura. Chi crederà e sarà battezzato sarà salvo ma chi non crederà sarà condannato. E questi saranno i segni che accompagneranno quelli che credono: imporranno le mani ai malati e li guariranno... Essi partirono e predicavano mentre il Signore operava insieme con loro e confermava la parola con i prodigi che l'accompagnavano" (Mc 16,15-20). Nel nono anno gli apparve il Signore a preannunciargli il martirio durante le feste pasquali: fu torturato e ucciso il 25 aprile all'età di 57 anni [10]. La *legenda* tratteggia il suo coinvolgimento quale segno alla Cena dell'Agnello, e la taumaturgia della sua supplica per i prodigi a conferma della sua Parola evangelica[11].

Si addice nella nostra litania la sintonia della evocazione con le qualificazioni di Marco per la discreta trasparenza in filigrana dell'Agnello che salva; e vi si addice la sinfonia della invocazione per la sua narrazione taumaturgica di Gesù che risana piaghe e sofferenze.

TAVOLA 27

BARNABA

Qui sedes ad dexteram Patris miserere nobis (Tu che siedi alla destra del Padre, abbi di noi misericordia) *(Tavola 27)*

L'invocazione della misericordia si fa ora nell'inno insistenza litanica definitiva, e l'evocazione è qui l'arrivo definitivo nella "discesa-ascesa" del Cristo Salvatore dell'umanità. Affidate a Barnaba, affine straordinario di Paolo, questa evocazione e quella invocazione riassumono la nostra professione di discepoli cristiani.

"La Chiesa di Gerusalemme mandò ad Antiochia Barnaba. Quando egli giunse e vide la grazia del Signore gioì, e da uomo virtuoso qual era, pieno di Spirito Santo e di fede, esortava tutti a perseverare con cuore risoluto nel Signore.... Poi partì alla volta di Tarso a cercare Saulo, e trovatolo lo condusse ad Antiochia.
Rimasero insieme un anno intero presso quella comunità e istruirono molta gente; ad Antiochia per la prima volta i discepoli furono chiamati cristiani" (At 11, 22-26). È silloge definitoria. Essere "figli dell'esortazione" vedere la grazia del Signore e gioirne, essere uomini capaci perché pieni di Spirito Santo e di fede: ecco, si è veramente e realmente "chiamati cristiani" mentre si aspetta che il Salvatore assiso alla destra del Padre, ritorni.

Non meravigli troppo che la grande dossologia della basilica paolina si chiuda omettendo del tutto la terza parte dell'inno. Rivediamo lo sguardo di Paolo VI dagli "occhi rapiti e smarriti" davanti all'abside da noi ripercorsa: "...Cristo che grandioso presiede l'assemblea raccolta nella basilica, cioè la Chiesa" (29.9.1963). A ragione papa Paolo passa dall'abside all'aula della basilica e vede "la Chiesa" nell'assemblea raccolta alla presenza del Cristo Gesù "rifulgente" lassù, "nello splendido mosaico". Passaggio tra l'icone liturgica e la convocazione in Spirito Santo tanto delicato nella "realizzazione", cioè attuazione, delle presenze quanto virtuoso nella sacramentalità "frequentativa", cioè celebrativa, del mistero.

Condurre iconicamente la grande dossologia dalla supplica litanica all'*Amen* è affidato al rito dell'assemblea celebrante. Se è sempre della Chiesa radunata in Spirito Santo cantare l'inno, l'opera musiva della basilica paolina ne riconosce alla medesima assemblea anche l'iconizzazione terminativa. Una sorta di speculare scambio estetico-poietico: l'assemblea si sente e si vede virtualmente presente nell'icone, l'icone abbraccia nella propria presenzialità caratteristica l'assemblea.

TAVOLA · TABLE · ILLUSTRATION · ABBILDUNG · TABLA **5**

Preface

For ages, the hymn *Gloria in Excelsis* Deo has been used in the celebration of the Eucharist. Musicians and painters in every age and in every manner have sought to capture its beauty.

In this book, appearing in 5 languages, Msgr. Crispino Valenziano[1] offers a deep insight into this hymn, magnificently depicted in the mosaic in the apse of the Patriarchal Basilica of St. Paul Outside the Walls. This work of art can be said to be one of the more beautiful pages of the "Bible of the Poor" (*Biblia pauperum*), that is, the artistic renderings, which were, before the invention of printing, the only manner for uninstructed persons to "read", contemplate and mediate on the various events in salvation history.

The ancient Fathers of the Church have pointed to the importance of images both to illustrate the truth of the faith and to show the exemplary conduct of the Saints. St. John Damascene wrote on the subject: "What the Bible is for the educated, images are for the uninstructed; what words are to hearing, images are to sight"[2].

Images in the Church are not only for instruction. They also offer a particular approach to life inspired by the Gospel, as mentioned by St. Gregory the Great (540-604): "What is in print for the reader, images are for the eyes of those who are uninstructed, because in them these people see what they must imitate"[3].

In our case, the mosaic illustrating the hymn *Gloria in Excelsis Deo* is not a simple instruction but a "mystagogical catechesis". The Church, following a largely accepted and efficacious tradition in East and West, blends "the Hymn of Angels and Men" with the celebration of liturgy.

The purpose of this publication is to assist in the "reading" of the apse-mosaic in the Patriarchal Basilica of St. Paul so that its message might be more easily "lived" through an active participation in the Eucharistic Liturgy and so that this hymn of praise might be constantly echoed in life: "Glory to God in the highest."

+ Francesco Gioia, Archbishop
Pontifical Administrator
Patriarchal Basilica of St. Paul
Outside the Walls

Rome, 29 June 2003 Solemnity of the Saints Peter and Paul, the Apostles

TAVOLA · TABLE · ILLUSTRATION · ABBILDUNG · TABLA 6

ΠΑΥΛΟC
SCS
PAVLVS
INNOMINE
GENVFLE
CTATVRCA
ELESTIVM
TERESTRIVET
INFERNORVM

The Mosaic in the Apse of St. Paul

The mosaic in the apse of St. Paul Outside the Walls which dominates the Pauline Basilica on *Via Ostiense* is, in its own way, a unique rendering of the Biblical-Liturgical hymn *Gloria in Excelsis Deo* ("Glory to God in the Highest"), the so-called "great doxology," the grand hymn of praise sung for centuries in Eucharistic celebrations[4]. The following is the best-possible attempt at a faithful translation:

"Glory to God in the highest,
and peace on earth to the people who enjoy his favour!
We praise you, we bless you
We worship you, we glorify you,
We give you thanks for your great glory:
Lord God, Heavenly King, God the Father Almighty,
Lord Jesus Christ, only Son of the Father,
and the Holy Spirit!
Lord God, Lamb of God, Son of the Father,
You take away the sins of the world:
have mercy on us!
You take away the sins of the world:
receive our prayer!
You are seated at the right hand of the Father:
have mercy on us!
Because you alone are Holy; you alone are Lord;
You alone are the Most High!
Jesus Christ
with the Holy Spirit
in the glory of God the Father!
Amen."

Covering an area of about 16 to 28 meters in height from the ground, the golden vault shines in splendid fashion, as if to embrace everyone. Its width, extending from the body of the Church before the altar of confession, measures 24 meters (*Table 1*). Though historians might wish to know more, the information which we have gathered from the records of the Benedictine monastery associated with the Basilica should be sufficient for the readers of this article.

Just after the reign of Constantine, it is probable that the *domus* (house) of the Apostle Paul was graced by an apse portraying a theophany, the work of the architect Ciriade, commissioned by the

TABLE 1

TAVOLA · TABLE · ILLUSTRATION · ABBILDUNG · TABLA 7

TABLE 2

TABLE 3

TABLE 4

Emperors Theodosius, Arcadius and Valentinianus in 386 and dedicated by Pope Siricius in 390. Restoration after restoration followed, from Leo the Great (440-461), who reconstructed the roof destroyed by lightening and placed the present-day mosaics on the triumphal arch, to Symmachus (498-514), who restored the apse; from Leo III (795-816), who made repairs after the earthquake of 801, to Gregory VII (1073-1085), who added to the beauty of the building and to worship by appointing an abbot to the monastery, an archdeacon and a bishop of the Roman Church. With the pontificate of Innocent III (1198-1216), the existence of the present-day apse design can be stated with certainty. In 1218, Honorius III requested from the Doge of Venice two mosaic artists to join others already involved in the project. In 1566, Innocenzo di Ca' de Bruni, a monk from Venice and cell keeper of the monastery, ordered further restoration which ended badly, increasing damage to the mosaic. Benedict XIII (1724-1730) sought to remedy the harm; Clement XII (1730-1740) continued but later interrupted the project; and Benedict XIV (1740-1755) brought it to a conclusion, again with deleterious results to the mosaic. In fact, during this last undertaking seven sections dried so badly, they had to be entirely redone. The head of St. Peter, among other fragments attached to the wall just outside the Sacristy, was part of this failed restoration work (*Table 2*).

Though the fire of 1823 spared the mosaic, the massive projects subsequently undertaken in reconstructing the building took their toll. Certain parts of the mosaic were detached using a faulty technique from the period and some were restored without too much attention. Finally, the whole surface was given an antique look by using an undesirable mix of ashes in an attempt to blend the newly restored pieces with the former ones.

Having stated this brief history, we now begin a reading of the mosaic, beginning from the center and working outwards.

At the center (*Table 3*) is the figure of Christ, with the letters IC + XC , the abbreviation for his name, "Jesus Christ". He is seated on a throne, in the glory of his second coming, with his right hand raised to bless the elect. His left hand holds an open Gospel book with his words of judgment: *Venite Benedicti Patris Mei / Percipite Regnum Quod Vobis Paratum, Est Ante Originem Mundi* (Mt 25:34: "Come blessed of my Father, inherit the kingdom prepared for you before the foundation of the world"). Christ, the King of glory, speaks; the everlasting Son of the Father, as long-awaited judge, comes from the right hand of God. All people and all things converge in him.

At his right foot (*Table 4*) is Pope Honorius III (1216-1227), the Pope who commissioned the mediaeval mosaic. In unforgettable fashion, Pope Paul VI made reference to this image in his first address to the bishops of the Second Vatican Council, 29 September 1963: "Venerable brothers of the Eastern Churches and also of the Western Churches, in your Basilicas, Jesus Christ, *Pantokrator*, appears before our ravished and weary eyes, resplendent in majesty. In the magnificent mosaic of St. Paul Outside the Walls, we see ourselves in the person of our predecessor, Honorius III. In adoration of Christ, he is small in stature, humbly prostrate to kiss the feet of Christ who majestically presides over the assembly gathered in the Basilica, that is, his Church."

Missing at the top of the mosaic (*Table 5*) is the Hand, symbol of the Father. And no indication is found in the original. Also absent is the Dove, symbol of the Holy Spirit, in the *Etoimasia tou thronou* (Preparation of the Throne) for the Second Coming of the Saviour. The *Etimasia* mosaic (*Table 6*) has a Christological theme only. A closed Gospel book and the Cross, both with precious stones, appear above the purple cushion of the jeweled throne. Behind the cushion, in place of the throne's back panel, are the crown of thorns resting on a pole, the lance of spousal transfixation, the sponge of vinegar attached to a reed and the nails of crucifixion immersed in the chalice of blood.

In the upper portion, to the right of the enthroned Christ (*Table 7*) is Paul in whose honor the Basilica/*domus* (house) is dedicated. He stands with a scroll on which the final words of the hymn of the divine *kenosis* (outpouring) are written: *In nomine Jesu omne genuflectatur cœlestium terrestrium et infernorum*, (Phil 2:10: "In the name of Jesus every knee should bow, in heaven and on earth and under the earth"). To his right is Luke (*Table 8*) the Evangelist, *ho agapetos*, "the beloved" (Col 4:14). He remained with Paul in Rome while Paul awaited his martyrdom, *est mecum solus* (2 Tim 4:11: "He alone is with me"). Luke carries a scroll bearing his profession of faith in Christ which has a foundation in the Acts of Paul: *Saulus autem convalescebat et confutabat Judeos affirmans quia his est Christus*, (Acts 9:22: "Saul increased all the more in strength, and confounded the Jews who lived in Damascus by proving that Jesus was the Christ"). The figures of both Paul and Luke were significantly redone by mosaic workers in the 19th Century.

To the left of the enthroned Christ (*Table 9*) stands the apostle Peter, the foundational "rock" and earthly point of reference of the Church. He bears a scroll with the words of his confession of Christ: *Tu es Christus Filius Dei vivi* (Mt 16:16: "You are the Christ the Son of the Living God."). At his left is Andrew (*Table 10*), the first apostle to be called, the brother of Simon Peter whom he lead to Christ (Jn 1:40-42). His scroll narrates his witness to Christ on the cross of martyrdom: *Beatus Andreas dum pœndebat in cruce deprecabatur Dominum Jesum Christum* (*Passio Andreae*, 14: "The blessed Andrew, while hanging on the cross, called upon the Lord

TABLE 5

TABLE 6

TABLE 7

TABLE 8

TABLE 9

TABLE 10

TABLE 11

TABLE 12

Jesus Christ"). Unfortunately, over half of the mosaic is redone.

The upper portion is entirely devoted to the epiphany at the *parousia* in the "garden", *parádeisos*, an enclosed garden, cultivated with delights, a *hortus conclusus* (*Table 11*). The classic imagery associated with eschatology include: flowers, a dwelling place, water in apocalyptic proportions (Ez 47; Rev 22) and references to the first Eden (Gen 2) in which the choice plant is the "Tree of Life", often pictured by artists as a palm tree, a tree of "360 fruits and 360 perspectives," one for each day of time and one for each place in space[5].

In our mosaic (*Table 12*) the tree of life is planted in the middle of the garden (Gen 2:9) on "either side of the river" (Ez 47:12; Rev 22:2). On the left and right, in mirror fashion, palm trees flank the entire epiphany scene to come.

Between the upper and lower parts are two thrones, the Throne of the Second Coming and the Throne *inter tempora*, "in the interval" (*Table 13*). As before the "throne of the *parousia*," Pope Honorius III is present. Likewise, at the "prepared throne", there are pictured the Abbot Giovanni Caietani (1212-1226) and the sacristan Arnulfo, who stand beside representations of the Holy Innocents, whose relics were transferred by Sixtus V (1585-1590) to St. Mary Major, to be kept *ad presepe*, near the relic of the manger of Bethlehem. Regarding the garden of Eden and paradise themes, the former speaks of what was lost, the latter of what is to be fulfilled. Both these ideas are set in rhythm by the tree of life repeated and multiplied according to the plan of Genesis and the apocalyptic visions from the Old and New Testaments (as seen in the preceding Tables and the ones that follow). However, the garden-to-come has the tree of life standing alone without other plants, while the garden already-but-not-yet ("in the interval"), reflects the plan of the tree of the knowledge of good and evil (as seen in *Table 15*). In the former, the choir of four apostles make their profession of faith in Christ, in the latter, 12 proclaim the great doxology. *Apostoleíon*, "the college of apostles," is normally depicted by 12 disciples "called and directly sent." The defection of Judas Iscariot leads the Eleven to choose a substitute, Matthias, who was a witness with them to the Resurrection (Acts 1:15-26). In his appearance to Paul, Christ personally adds Saul to this college (Acts 9:1-20). The adding of the Evangelists Mark and Luke, not strictly numbered among the "Twelve" (Mt 10; Mk 3; Lk 6; Acts 1), has been the subject of various interpretations in the depiction of the symbolic number 12.

Our mosaic exalts a Christological interpretation in its composition through the depiction of the four "witnesses" of Christ in the upper part. The group of twelve in the lower part is composed of nine of the original apostolic college: James of Zebedee, his brother, John the Evangelist, Bartholomew-Nathanael, Philip, Thomas-Didymus, Matthew-Levi the Evangelist, Simon the Zealot, James

S LUCAS
EVG
SAVEAT C
RALESCE
BAT ET CFV
RDEBAT IUU
COSAFFI
OTAS OM
HICEXPC

TABLE 13

TABLE 14

TABLE 15

Son of Alpheus, Jude-Thaddaeus; and three others: Matthias the substitute, Mark the Evangelist and Barnabas, whom the Churches have always held to be an apostle in the true sense of the word.

In the lower part, to the left and right of the *Etimasia*, there is an angel in the garden, among the palms. Each intones the "angelic hymn" assisted by six apostles who follow each one. That angels intone the hymn is obvious. However, why the apostles follow the angels needs to be explained, though the reason will become increasingly evident. A long-standing, widely-held tradition has attributed to the Twelve the formulation of the twelve articles of the symbol of faith, which has appropriately been called the "Apostles Creed". In the 17th century, someone gathered and organically[6] arranged the information. Inevitably, a certain artificiality was employed in linking to each apostle the transmission of a specific article of the faith. Certain theological tracts were also able to be used to illustrate the meaning of these articles. In an iconographic plan, the mosaic artist has proceeded in a similar fashion, since the order of succession intentionally follows a "concordance" between the facts associated with each apostle and the attribution of a text from the hymn. Since these technical aspects of the codification and de-codification of these images has been set forth, we now make an attempt at interpretation, avoiding drawing hasty conclusions yet keeping alive our curiosity.

Two winged angels, dressed in white, sing their hymn for the First Coming of the Saviour (his birth) and point to the throne prepared for his Second Coming, thus articulating separately the interval of the economy of salvation in space-time and the eschatological space of the garden of Eden with the twelve trees. Nineteenth century mosaic workers, unfamiliar with iconographical design and meaning, have included indications of thirteenth and fourteenth plants at the extreme right and left of the sequence of apostles.

The angel at the left of the *Etimasia* (*Table 14*) bears a scroll with the words: *Gloria* [*excelsis*] *Deo* (Lk 2:14a): "Glory to God in the Highest"). On the right, the angel's scroll reads (*Table 15*): *Et in terra pax hominibus bonæ voluntatis* (Lk 2:14b: "And peace on earth to the people who enjoy his favour"). Neither angel has a name and nothing is indicated in the Church Fathers nor specialists in Luke's Gospel. However, instead of the palm tree, i.e., the tree of life, an apple tree, i.e., the tree of the knowledge of good and evil, is depicted to the side of the second angel. In doing so, the mosaic artists have departed from the models of the apple tree as seen in the 2nd decade of the 13th century, in the small dome of the Exameron in the narthex of the Basilica of St. Mark in Venice. Rather, they have adhered to the model of the apple tree, with its seductive golden fruit, found in the 5th and 9th decades of the 12th century on the walls of the nave of the Palatine chapel of St. Peter in Palermo and in the monastic Basilica of Santa Maria Nuova in Monreale (Were only Venetian mosaic artists employed in St. Paul Outside the Walls in Rome?).

In the lower portion of the mosaic, the choir of the Twelve makes up the first and second part of the great doxology of the "four gospels"; each part includes an evangelist. (Luke, the author of the hymn, is among the "choir of four" in the upper portion.) The initial parts of the doxology are done by James (the Great), John (the Evangelist), Bartholomew, Philip, Thomas, Matthew (the Evangelist), Simon and James (the Less); the prayers of supplication in the second part, by Matthias, Jude, Mark (the Evangelist) and Barnabas. As in successive movements in music, each passage follows the four Gospels of the Resurrection appealing for a distinct paschal approach to life on the part of people who are beloved by God and called by him to communion in the economy of salvation with Christ in whom all things find fulfilment.

Similar to the two angels who intone the hymn, each apostle faces each other and bears a scroll. They stand to the left and right of the seated Christ and his *Etimasia*, proclaiming their parts according to the accepted procedure of antiphonal singing in Gregorian chant.

JAMES

Laudamus Te (We praise you) *(Table 16)*

TABLE 16

The first exclamation is entrusted to James, Son of Zebedee, who with his brother, John, and Peter, is a privileged witness of Jesus. These three were set apart by the Lord to be present at the cure of Simon's mother-in-law (Mk 1:29) the raising from the dead of the daughter of Jairus (Mk 5:37), his glorious Transfiguration (Mt 17:1) and his agony in the garden (Mt 26:37). He was the first apostle to bear witness to the Risen Christ by shedding his blood (Acts 12:2).

Curiously, the mosaic assigns to him the beginning of "praise" in the hymn of humanity echoing the hymn of the angels. The *titulus* (designation) of the apostle rests on his being the "first witness." *Sanctus Iacobus* (St. James) is written in two columns, inverting the letters from the right: BUS|Ƨ IAƆO. In this way, the mosaic image means to say that the hymn of humanity in the great doxology is a response of "praise" mirroring that of the angels in virtue of the mystery and events of which Christ the Lord makes us witnesses.

Regarding our "presence," we bear witness to him, singing with our entire existence the "praise" attributed to David: "Your praise is ever in my mouth" (Ps 33:2); recorded in the Psalter: "My mouth is filled with your praise, and with your glory, all the day" (Ps 70:8); "The faithful exult in glory...the praise of God is on their lips" (Ps 149:5-6); and exhorted by Paul: "May you be blameless for the day of Christ, filled with the fruits of righteousness which come through Jesus Christ, to the glory and praise of God" (Phil 1:10-11).

TABLE 17

JOHN

Benedicimus Te (We bless you) *(Table 17)*

The antiphonal response comes from John, the other privileged witness, with his brother, James, and Peter. The act of "benediction" is given to him not only because his Gospel (Jn 12:13) records the blessing from Hallel, "Blessed is he who comes in the name of the Lord," recounted by the three synoptic evangelists (Ps 117:26; Mt 21:9; Mk 11:9; Lk 19:38: "Blessed is he who comes, the king, in the name of the Lord! Peace in heaven[7] and glory in the highest heavens!"); but also because he sings that part of the hymn in his vision (Rev 4:8) of the "apparition" of God *Pantokrator* and the sacrificed, victorious Lamb: "When those living creatures rendered glory and benediction to the one seated on the throne and lives forever and ever, the twenty-four elders prostrated before the one seated on the throne and adored the One who lives forever and ever...

They said in a loud voice:

'The Lamb which was slain is worthy of power and riches, wisdom and strength and honor and glory and benediction'

And each creature who is in heaven and on earth and under the earth and in the sea and every thing contained heard what they said: 'To the one seated on the throne and to the Lamb, benediction and honor and glory and power from age to age!' (Rev 4:9; 5:13).

The symbolism in the mosaic means that our blessing is directed to the Lamb who is to come in the name of the Lord, and who, as the Risen One, is to return victorious. Blessings rise to him in expectation of his benediction to descend on us, so as to bring "the kingdom prepared before the foundation of the world" to those "whose name is written in the book of life of the Lamb slain from the foundation of the world" (Rev 13:8).

TABLE 18

BARTHOLOMEW

Adoramus Te (We worship you) *(Table 18)*

Identified also as Nathanael, Bartholomew is the apostle whom Philip brought to the Lord. He is also the one whom the Messiah greeted with the words: "Behold an Israelite indeed, in whom is no guile" (Jn 1:47). Starting with a bewildered hope (Jn 1:49) yet

SCS PETRVS
TV ES
XPC
FILIVS
DEI
VIVI

always forging ahead, Bartholomew arrived at a faith which declared: "You are the Son of God; You are the King of Israel!" (Jn 1:49). In response, Jesus said to him: "You will see the heaven opened and the angels of God ascending and descending upon the Son of Man" (Jn 1:51). Moreover, an account from the apocryphal acts of Bartholomew states that at Bosra, a city of Celesyria, he raised from the dead a young boy who was being brought to burial. The legend says that a tongue of fire went out from his mouth and passed to the mouth of the young boy, re-kindling life in him. All were dumbfounded and mistook him for a God to whom they offered sacrifices (as set forth in Acts 14:8-18); but the apostle preached the Gospel of Jesus and converted them to the worship of the Son of God who became Son of Man, Dying and Rising from the Dead[8].

The image denotes adoration in our hymn, begun by the angels who descend and ascend on the new-born Saviour (Lk 2:9-15), calling upon him whom we profess to be truly "Son of God" and who reveals himself to us in faith and hope as the "Son of Man," who died and rose from the dead.

TABLE 19

PHILIP

Glorificamus Te (We glorify you) *(Table 19)*

The doxology of "praise, blessing and worship" ends with the acclamation of "glory": a recurring cry, like flashes of a hymn within a hymn.

This part of the hymn is given to Philip, the apostle of vision or sight. From the first compelling moments of his vocation to the last loving revelation, Philip is the disciple of vision or sight. His calling came "the day after" the vocation of Andrew and his brother Simon Peter. "Jesus met Philip and said to him: 'Follow me'" (Jn 1:43). Philip gives no word of response to Jesus, but we see the apostle following the Master because "Philip met Nathanael and said to him, 'We have found him of whom Moses in the law and also the prophets wrote, Jesus of Nazareth, the Son of Joseph.' Nathanael said to him, 'Can anything good come out of Nazareth?' Philip answered: 'Come and see'" (Jn 1:45-46). Jesus "saw" Nathanael who walked towards him (Jn 1:47). Jesus marvels at him, revealing to have "seen" him under a fig tree (Jn 1:48-50) and states in the presence of Nathanael who listens and Philip who "sees": "You will see heaven opened and the angels descending and ascending on the Son of Man" (Jn 1:51).

The last revelation came to him at table with the Twelve: "Philip said to him, 'Lord, show us the Father, and we shall be satisfied.' Jesus said to him, 'Have I been with you so long, and yet you do not know me, Philip? He who has seen me has seen the

Father!'" (Jn 14:8-9). From the first moment of his vocation in which Philip does his best to see "the one of whom Moses and the prophets have written," to the last revelation, Philip has reflected right to the very end on the One whom He has seen "for so long." In this way, his experience is like that of the disciples of Emmaus: "some women of our company who reached the tomb...came back saying that they had even seen a vision of angels who said that he was alive. Some of those who were with us went to the tomb ...but him they did not see... Beginning with Moses and all the prophets, he interpreted to them in all the scriptures the things concerning himself....When he was at table with them, he took bread and blessed and broke it and gave it to them. And their eyes were opened...but he vanished out of their sight" (Lk 24:22-31).

And from the first moment of his vocation to the very last revelation, Philip exercises also the apostolic ministry of vision: "A great crowd who had come to the feast heard that Jesus was coming to Jerusalem. So they took branches of palm trees and went out to meet him, crying, 'Hosanna! Blessed is he who comes in the name of the Lord, even the King of Israel!'.... Among those who went up to worship at the feast were some Greeks. So these came to Philip, who was from Bethsaida in Galilee, and said to him, 'Sir, we wish to see Jesus.'... And Jesus said, 'The light is with you for a little longer. Walk while you have the light. While you have the light, believe in the light, that you may become sons of light!'" (Jn 12:12-36). Seeing the scroll with this acclamation from the doxology in the hand of the "apostle of vision" makes me recall the practice in the Byzantine rite of introducing the *Gloria* hymn with a song of acclamation which comes to be restated: *Doxa soi to deixanti phos* (Glory to you who has shown us the light). Glory as light, light as vision; in this way our hymn "is enlightened and sheds light."

Thomas

Gratias agimus tibi propter magnam gloriam tuam (We give you thanks for your great glory) *(Table 20)*

TABLE 20

The glory acclaimed to this moment now becomes the reason for "giving thanks," coloring our hymn with the entire story of salvation; *eucharistoumen dia ten magalen sou doxan*, (we give you thanks because your glory is great).

The thought logically enters my mind to attribute this acclamation to Thomas. In fact, the apostle known for his "incredulity" in the Resurrection of Jesus is equally characterized by his passionate, risky involvement in the resurrection of Lazarus: "Jesus said, 'This illness is not unto death; it is for the glory of God, so that the Son of God may be glorified by means of it.' Jesus loved Martha, her sister and Lazarus. So when he heard that he was ill, he stayed two days longer in the place he was. Then after this he said to his disciples, 'Let us go into Judea again.' The disciples said to him, 'Rabbi, the Jews were but now seeking to stone you, and you are going there again?' ... Thomas, called the Twin, said to his fellow disciples, 'Let us also go, that we may die with him.' ... Jesus said, 'Father, I thank you that you have heard me. I know that you hear me always , but I have said this on account of the people standing by, that they may believe that you have sent me...' (Jn 11:4-42).

The resurrection of the friend is, in a certain way, the resurrection of the crowd which Christ came to save with his death. Thomas is willing to die with Jesus so the Son of God may be glorified in the resurrection which he accomplished. And would not the dramatic moments he experienced during the absence of the presence of the Risen Christ move us to give thanks for his great glory? (Jn 20:24-29).

TABLE 21

MATTHEW

Domine Deus Rex cœlestis (Lord God, Heavenly King) *(Table 21)*

The holy writer of the first of the Synoptic Gospels has provided the text appearing on the Gospel Book of Christ in Glory and that on the scroll of St. Peter, both in the upper portion of the mosaic; in the lower portion, he enters in an equally decisive manner.

Matthew the Evangelist gives the account of the Second Coming of the Son of God. He not only indicates that the "kingdom" is the inheritance of the saints but also gives Christ the title of "king": "When the Son of man comes in his glory...he will be seated on the throne of his glory. Then the king will say...'Come blessed of my Father, inherit the kingdom prepared for you from the foundation of the world'" (Mt 25:31-34). He also recounts the First Coming of the Son of Man, mentioning both the royal "condemnation" by King Herod and the glorious, royal welcome of the adorers from among the people: "Jesus was born in Bethlehem of Judea in the days of King Herod.

Some wise men from the East came to Jerusalem, saying, 'Where is he who has been born king of the Jews? For we have seen his star in the East and have come to worship him.'.... They saw the child with Mary his mother, and they fell down and worshiped him. Then, opening their treasures, they offered him gifts, gold frankincense and myrrh..." (Mt 2:1-2, 11). The choice of the apostle Matthew to give the title of *Rex cœlestis* to the "Lord" whose "great glory" we sing, restating the fourth verse of the *Gloria* - "Lord God, Heavenly King / God the Father Almighty", is in itself a proclamation both decisive and determined.

ANDREAS
BEATVS
ANDREA CV
PENDERET
IN. CRUCE
DEPRECABA
TVR. DNV
IESV CRST

TABLE 22

Simon

Deus Pater Omnipotens (God the Father Almighty) *(Table 22)*

To understand the exclusion of reference to "Lord God, Heavenly King" from "God the Father Almighty" in the same line and its attachment to the next line: "Lord Jesus Christ only Son of the Father" so as to identify the "You" whose "great glory" we sing, requires bearing in mind this missing part as if in parenthesis.

The mosaic artist has undertaken the responsibility of accomplishing this in two ways, more or less plausible, by cutting–a unique case in the whole sequence–the verse, giving the first half to exalt the evangelist we have treated above, and this second half to "obscure" Simon the apostle who is an obscure figure of whom nothing is known. However, since he is called "the Zealot", one would think he came to follow Jesus from the sect of the "jealous" (in the last analysis, the meaning of the word), who "desperately fought and fanatically died to acquire political freedom at any cost, since they were convinced that God alone is their guide and king"[9].

TABLE 23

James

Domine Fili Unigenite Jesu Christe (Lord Jesus Christ, Only Son of the Father) *(Table 23)*

The next verse associated with the Christological title of "Heavenly King," *Fili Unigenite*, is given to James, Son of Alphaeus, "brother of the Lord" (Gal 1:19; Mt 13:55). The Risen Christ appears to him alone before he appears to the apostles as a group (1 Cor 15:7). "He governed" the Church of Jerusalem (Acts 12:17). Peter, John and he were "reputed to be pillars" (Gal 2:9). He is the purported author of the letter bearing his name "James, servant of God and of the Lord Jesus Christ, to the twelve tribes in the dispersion" (James 1:1).

James closes the first part of the hymn, probably because of his noted dignity, his primatial ministry in the Mother Church of Jerusalem, his special apparition of the Risen Christ, his perception of the imminent coming of the Lord and, surely, his consanguinity with the Only Son of God.

TABLE 24

Matthias

Domine Deus, Agnus Dei Filius Patris (Lord God, Lamb of God, Son of the Father) *(Table 24)*

The litany is addressed to the Lamb–finding resonance to the Lamb from the Book of Genesis to the Book of Exodus, from John the Baptist to the Evangelist John, from 1 Peter to the Book of

Revelation–by the apostle coopted by the Eleven. He is given the initial invocation which will be qualified by two acclamations, one coming next in the litany's plan: *Qui tollis peccata mundi* ("You take away the sins of the world") and one in the conclusion: *Qui sedes ad dexteram Patris* ("You are seated at the right hand of the Father") and two appeals, one repeated twice in the following lines of the litany, *miserere nobis*, and one appearing in the invocation in the middle, *suscipe deprecationem nostram* ("receive our prayer"). The initial invocation calls God by name, Lamb of God, Son of the Father, the "Lord", *Kyrie*, that is, an all-inclusive invocation of the Lord Jesus from his immanent divine life to the complete, divine economy of salvation.

The mosaic artist has placed Matthias, the added apostle, before Jude Thaddeus, an apostle in the original College of the Twelve, perceiving that such a positioning is totally in keeping with the qualification of Matthias who, in his own way, was present at the theophany in the Jordan to the heavenly assumption of humanity. In fact, Peter says to his brothers, establishing the stipulations for becoming a member of the apostolic college: "....one of the men who has accompanied us during all the time that the Lord Jesus went in and out among us, beginning from the baptism of John until the day when he was taken up from us–one of these men must become with us a witness to his resurrection" (Acts 1:21-22). Our supplication in the hymn is a commemoration of the entire mystery of *descensus-ascensus* (descent-ascension) of Christ the Saviour.

Thaddeus

Qui tollis peccata mundi miserere nobis (You take away the sins of the world, receive our prayer) *(Table 25)*

TABLE 25

"Judas, (not Iscariot) said to him,, 'Lord, how is it that you will manifest yourself to us, and not to the world?' Jesus answered him, 'If a man loves me, he will keep my word, and my Father will love him, and we will come to him and make our home with him.'" (Jn 14:22-23).

The question of the apostle Jude Thaddeus to the Master turns our supplication in the litany to a consideration of the mercy of the Lamb, "who takes away the sins of the world," simply as God's love abiding in us. Mercy is shown to whoever "loves him and observes his word," that is, to whoever follows him without reserve in the intimacy of a disciple.

TABLE 26

Mark

Qui tollis peccata mundi suscipe deprecationem nostram (You take way the sins of the world, receive our prayer) *(Table 26)*

Calling upon the Lamb, "who takes away the sins of the world" the litany also adds: "receive our prayer," restating this time the appeal itself.

This insistence, typical of a litany, is proposed by the disciple Evangelist, most beloved by the apostle Peter: "Mark, my son" (1 Pt 5:13) – "the cousin of Barnabas" (Col 4:10). It appears to me that choosing him is influenced by the late apocrypha, recently published in around 1960, a manuscript from Mount Athos, copied in the same period in which the Venetian mosaic artists worked in the Roman Basilica, recounting the "acts, miracles and martyrdom of the saint and devout apostle evangelist Mark", then widely known on the Adriatic coast. The document states that Mark was a disciple first of John the Baptist and then of Christ.

The Gospel passage on the preparations for the Last Supper is autobiographical: "Go into the city and a man carrying a jar of water will meet you; follow him and wherever he enters, say to the householder, 'The Teacher says, where is my guest room, where I am to eat the Passover with my disciples?' (Mk 14:13-14). The man who was a "sign" of the place for the preparation of the paschal lamb was Mark. He evangelized Antioch, Seleucia, Caesarea, "first with Barnabas, then with Paul and finally with Peter whom he accompanied to Rome where he wrote the second Gospel. From Rome Peter sent him to Alexandria in Egypt. He left to preach and accomplished many signs, after scarcely writing the words: "Jesus said to them (the Eleven): 'Go into all the world and preach the gospel to the whole creation. He who believes and is baptized will be saved; but he who does not believe will be condemned. And these signs will accompany those who believe: ... they will lay their hands on the sick and they will recover... They went forth and preached everywhere, while the Lord worked with them, and confirmed the message by signs that attended it" (Mk 16:15-20). In the ninth year the Lord appeared to him to announce his martyrdom during the Easter feasts. He was tortured and killed, 25 April, at the age of 57[10]. The *legenda* treats his involvement as a sign of the Supper of the Lamb and the thaumaturgy in response to his prayers as signs to confirm the words of his Gospel[11].

This is evidenced in our liturgical hymn by the harmony between the invocation and Mark's qualifications which provides constant glimpses of the Lamb who saves and by the symphony of his invocation and his narration of the miracles of Jesus who makes whole and relieves suffering.

Barnabas

Qui sedes ad dexteram Patris miserere nobis ("You are seated at the right hand of the Father, have mercy on us") *(Table 27)*

At this point, the invocation definitively states the "descent-ascension" of Christ, the Saviour of Humanity; the supplication for mercy takes on a final insistence. Given to Barnabas, eminent co-worker of Paul, the invocation and supplication sum up our profession as Christian disciples.

"The Church in Jerusalem sent Barnabas to Antioch. When he came and saw the grace of God, he was glad, and he exhorted them all to remain faithful to the Lord with steadfast purpose...So Barnabas went to Tarsus to look for Saul; and when he found him, he brought him to Antioch. For a whole year they met with the church, and taught a large company of people; and in Antioch the disciples were for the first time called Christians" (Acts 11:22-26). These are defining characteristics. Being "sons of exhortation," seeing the grace of the Lord and rejoicing in it and being able persons filled with the Holy Spirit and faith, this is truly and really what it means to be "called Christians" as we await the return of the Saviour now seated at the right hand of the Father.

It is no great surprise that the grand doxology of the Pauline Basilica concludes by entirely omitting the third part of the hymn. We return to the look of Pope Paul VI with "raptured and weary eyes" at the apse which we have treated: "....Christ who gloriously presides over the assembly gathered in the Basilica, that is, the Church" (29 September 1963). Pope Paul VI was right to pass his gaze from the apse to the body of the Basilica and see "the Church" gathered in the presence of Jesus Christ above "in splendor," "in this magnificent mosaic." Passing from the liturgical image to the convocation in the Holy Spirit is very subtle in "realization", that is, in fulfilment of the gifted presences of a "frequented," that is, celebrated sacramentality of mystery.

Iconographically conducting the great doxology from the litany and supplications to the great "Amen" is given to those assembled to celebrate. If the Church gathered in the Holy Spirit is always to sing this hymn, the mosaic of the Pauline Basilica recognizes that this same assembly is also to make the conclusion iconographically in a kind of mirror-exchange of esthetics and poietics. The assembly feels and sees itself virtually present in the icon and the icon embraces the assembly in its quality of being present itself.

TABLE 27

TAVOLA · TABLE · ILLUSTRATION · ABBILDUNG · TABLA 11

Préface

L'hymne *Gloria in excelsis Deo* figure depuis des siècles dans la célébration festive de l'Eucharistie. De nombreux musiciens et peintres de tous les temps et de tous les styles en ont chanté la beauté.

Dans ce livre, édité en cinq langues, Mgr Crispino Valenziano[1] nous offre un commentaire clair de cette hymne, splendidement représentée sur la mosaïque de la cuvette absidale de la Basilique Patriarcale Saint-Paul-hors-les-Murs; elle peut être considérée comme une des plus belles pages de la "Bible des pauvres" (*Biblia pauperum*), c'est-à-dire des représentations artistiques qui, avant l'invention de la presse, étaient l'unique moyen pour les personnes non instruites de pouvoir "lire", contempler et méditer les diverses étapes de l'histoire du salut.

Les anciens Pères de l'Eglise ont mis en évidence l'importance de l'image, aussi bien pour illustrer les vérités de la foi que pour exposer le comportement exemplaire des saints. Saint Jean Damascène (675-754) affirme à ce propos: «Ce que la Bible est à la personne instruite, l'image l'est aux analphabètes et ce que la parole est à l'ouïe, l'image l'est à la vue».[2]

Pour l'Eglise, les images n'ont pas seulement pour objectif d'instruire, mais aussi d'offrir une orientation de vie précise, inspirée de l'Evangile, comme le fait observer Saint Grégoire le Grand (540-694): «Ce que l'Ecriture est aux lecteurs, l'image l'est aux yeux de ceux qui ne sont pas instruits, puisqu'en elle même les ignorants *voient* ce qu'ils doivent *imiter*».[3]

Dans notre cas, la mosaïque qui illustre l'hymne *Gloria in excelsis Deo* n'est pas une simple catéchèse, mais une "catéchèse mystagogique"; à savoir que l'Eglise, suivant un usage largement consolidé et fortement efficace dans la tradition d'Orient et d'Occident, offre "l'hymne des anges et des hommes" en une admirable fusion avec la célébration liturgique.

D'où la finalité de cette publication: aider à "lire" la mosaïque absidale de la Basilique Patriarcale Saint-Paul pour pouvoir "vivre" facilement son message, en participant activement à la Liturgie eucharistique, et pour prolonger dans la vie le chant de louange: "Gloire à Dieu aux plus hauts des cieux ".

+ Francesco Gioia, Archevêque
Administrateur Pontifical
de la Basilique Patriarcale
Saint-Paul

Rome, 29 juin 2003, *Solennité des Saints Apôtres Pierre et Paul*

TAVOLA · TABLE · ILLUSTRATION · ABBILDUNG · TABLA 12

La mosaïque de l'abside de Saint-Paul

La mosaïque de l'abside de Saint-Paul-hors-les-Murs qui domine la basilique paulinienne de la via Ostiense est, en son genre, une proposition très originale de l'hymne biblico-liturgique *Gloria in excelsis Deo* (Gloire à Dieu au plus haut des cieux), ce qu'on appelle la "grande doxologie", la grand hymne de louange qui, depuis des siècles, est chantée durant la célébration eucharistique[4]. La traduction suivante est celle qui tente de se rapprocher le mieux possible de la rédaction la plus authentique:

«Gloire à Dieu au plus haut des cieux
et paix sur la terre aux hommes qu'il aime !
Nous te louons, nous te bénissons,
nous t'adorons, nous te glorifions,
nous te rendons grâce pour ton immense gloire:
Seigneur, Roi du Ciel, Dieu le Père *Pantokrator*
Seigneur, Fils Unique, Jésus-Christ
et Esprit Saint !
Kyrie Dieu, Agneau de Dieu, le Fils du Père,
toi qui enlèves le péché du monde
prends pitié de nous !
Toi qui enlèves le péché du monde
reçois notre prière !
Toi qui es assis à la droite du Père
prends pitié de nous !
Car toi seul est Saint, toi seul est Seigneur
toi seul est le Très Haut !
Jésus-Christ
avec le Saint-Esprit
pour la gloire de Dieu le Père !
Amen».

En haut, entre environ 16 et 28 mètres d'altitude, resplendit une cuvette en or qui embrasse les 24 mètres de largeur s'étendant devant l'autel de la confession apostolique (*Illustration 1*). Les historiens aimeraient en savoir davantage. Quant à nous, nous reprenons de la tradition du monastère bénédictin député à la basilique les informations qui suffisent à notre lecture.

Il est probable qu'une théophanie absidale illuminait la *domus* de l'Apôtre dès la construction post-constantinienne, grâce à l'œuvre de l'architecte Cyrias, établie par les empereurs Théodose,

ILLUSTRATION 1

ILLUSTRATION 2

ILLUSTRATION 3

ILLUSTRATION 4

Arcadius et Valentinien en 386 et consacrée par le Pape Sirice en 390. Restauration après restauration, à partir de Léon le Grand (440-461) qui fit reconstruire le toit, après son effondrement à cause de la foudre, et qui fit couvrir de mosaïques l'arc qui est parvenu jusqu'à nous, en passant par Symmaque (498-514) qui restaura l'abside; puis de Léon III (795-816) qui dut réparer les dégâts dus au tremblement de terre de 801, jusqu'à Grégoire VII (1073-1085) qui put accroître la beauté de l'édifice et du culte comme abbé de la cénobie monastique, archidiacre et évêque de l'Eglise romaine. Il est certain que c'est durant le pontificat d'Innocent III (1198-1216) que fut refaite la composition de la cuvette absidale qui est parvenue jusqu'à nous. En 1218, Honorius III demanda au Doge de Venise deux artistes pouvant venir s'ajouter aux mosaïstes qui composaient l'œuvre. Une restauration ordonnée par le cellérier du monastère, Innocenzo di Ca' de Bruni, moine vénitien, mais mal réussie, provoqua à partir de 1566 la dégradation progressive de la mosaïque. Benoît XIII (1724-1730) s'empêtra dans la correction de ces travaux malheureux, Clément XII (1730-1740) les poursuivit puis les interrompit, et Benoît XV (1740-1755) les conduisit à terme, mais avec de nouveaux dommages. C'est même à cette époque que remonte une intervention sur l'ensemble de sept parties qui furent entièrement refaites, notamment la tête de saint Pierre actuellement reliée à d'autres parties aux murs situés devant la sacristie (*Illustration 2*).

Enfin, le terrible incendie de 1823 ne frappa pas tant l'œuvre que les lourdes interventions de reconstruction de l'édifice qui l'endommagèrent. Les parties intéressées furent détachées grâce aux techniques peu fiables du XIXème siècle, restaurées sans beaucoup de scrupules de conservation, et toute la surface fut peignée avec de la poussière de lie de vin pour rappeler les tons chromatiques préexistants.

Mais lisons la composition de la mosaïque, du centre vers l'extérieur.

Au centre (*Illustration 3*) IX+XC, Jésus-Christ, assis sur son trône parousiaque, celui de sa venue dernière, qui, de la main droite, bénit les élus et, de la gauche, ouvre son Evangile à la promulgation du jugement: *Venite Benedicti Patris Mei / Percepite Regnum Quod Vobis Paratum Est Ante Originem Mundi* (Mt 25, 34: «Venez les bénis de mon Père, recevez en héritage le Royaume qui vous a été préparé depuis la fondation du monde»). Celui qui parle est le Christ Roi de la gloire, le Fils éternel du Père, venu de la droite de Dieu pour le jugement attendu. Tout et tous convergent vers lui.

A son pied droit (*Illustration 4*), Honorius III (1216-1227) est le Pape commanditaire de la mosaïque médiévale. C'est l'image à laquelle, de façon mémorable, se référa Paul VI lors de sa première allocution aux évêques du Concile Vatican II, le 29 septembre

1963: «Jésus rayonnant de majesté se présente à nos yeux ravis et extasiés, comme dans vos basiliques, vénérables frères des Eglises d'Orient et des Eglises d'Occident, cette majesté ressort du *Pantokrator.* Et, nous-mêmes, nous nous reconnaissons dans la personne de notre prédécesseur Honorius III sur la splendide mosaïque de Saint-Paul-hors-les-Murs, représenté en adoration devant le Christ, de petite stature et prostré à terre pour baiser les pieds du Christ qui, grandiose, préside l'assemblée réunie dans la basilique, c'est-à-dire l'Eglise».

Mais au sommet (*Illustration 5*), il manque la Main emblème du Père; il semble qu'elle n'y était pas non plus dans la représentation originale. Il manque aussi la Colombe, emblème de l'Esprit Saint dans l'*Etoimasia tou thronou* (Préparation du Trône) pour la Seconde Venue du Sauveur. Sur notre mosaïque l'Etimasie (*Illustration 6*) n'est que christologique. Sur le coussin pourpre du trône orné de joyaux se trouvent l'Evangéliaire, fermé, et la Croix, richement ornés eux aussi. Il n'y a pas de dossier mais, derrière le coussin, la couronne d'épines est dressée sur une tige et la lance de la transverbération sponsale, l'éponge de vinaigre attachée à un bâton, et les clous de la crucifixion immergés dans le calice du Sang.

En haut, à la droite du Christ sur son trône Paul (*Illustration 7*), titulaire de la *domus* basilicale, avec la cartouche de l'hymne de la *kenosis* à la fin: *In nomine Jesu omne genuflectatur coelestium terrestrium et infernorum*, (Ph 2, 10: «Qu'au nom de Jésus tout genou fléchisse au ciel, sur terre et aux enfers»); à sa droite, Luc (*Illustration 8*), le disciple évangéliste, *ho agapetós*, «le très cher» (Col 4, 14) qui, à Rome, à l'approche de son martyre, *est mecum solus* (2 Tm 4, 11: «est seul avec moi») avec la cartouche de son témoignage sur la confession christologique fondatrice des Actes de Paul: (Ac 9, 22: «Mais Saul gagnait toujours en force et confondait les Juifs de Damas en démontrant que Jésus est bien le Christ»). Le mosaïste du XIXème siècle a recomposé grossièrement les deux représentations.

A gauche du Christ sur son trône (*Illustration 9*) Pierre, l'apôtre qui constitue la "pierre" de référence de l'Eglise, avec la cartouche de la confession christologique de comparaison: *Tu es Christus Filius Dei vivi*, (Mt 16, 16: «Tu es le Christ, le Fils du Dieu vivant»); à sa gauche, André (*Illustration 10*), le premier apôtre appelé, le frère de Simon Pierre qui l'a conduit au Christ (Jn 1, 40-42), avec la cartouche du récit du témoignage christologique dans la croix du martyre: *Beatus Andreas dum pendebat in cruce deprecabatur Dominum Jesum Christum* (*Passio Andrea*, 14: "Le bienheureux André pendu à la croix priait le Seigneur Jésus-Christ "). La mosaïque est hélas composée de la même façon que la moitié correspondante.

La partie supérieure situe entièrement l'épiphanie parousiaque dans le "jardin", *parádeisos*, qui signifie enclos et cultivé dans une

ILLUSTRATION 5

ILLUSTRATION 6

ILLUSTRATION 7

ILLUSTRATION 8

ILLUSTRATION 9

ILLUSTRATION 10

ILLUSTRATION 11

ILLUSTRATION 12

beauté parachevée, *hortus conclusus* (*Illustration 11*), classique pour la représentation eschatologique: fleuri, habité, irrigué en une transposition apocalyptique (Ez 47; Ap 2) de l'éden originel (Gn 2). Dans ce jardin, la plante essentielle est "l'arbre de vie" que les artistes d'icônes imaginent souvent sous la forme d'un palmier, arbre aux "360 fruits et 360 perspectives", un par jour du temps et un par lieu de l'espace[5]. Sur notre mosaïque (*Illustration 12*), l'arbre de vie transplanté au milieu du jardin (Gn 2, 9) «sur chacune des rives du torrent» (Ez 47, 12; Ap 22, 2); ce palmier renferme, de gauche à droite de manière spéculaire, toute l'épiphanie parousiaque.

Servant de lien entre la partie supérieure et la partie inférieure nous voyons deux trônes, là le Trône de la "Seconde Venue" et ici le Trône *inter tempora*, "dans l'entre-temps" (*Illustration 13*) – de même qu'au pied du "trône de la parousie" se trouve le Pape Honorius III, ici au pied du "trône préparé" se trouve l'abbé Giovanni Caietani (1212-1226) avec le sacristain Arnulfo et, entre eux, les saints Innocents, dont étaient vénérées dans cette basilique les reliques que Sixte V (1585-1590) fit transférer à Sainte-Marie-Majeure *ad presepe*, près de la relique de la mangeoire de Bethléem -; les jardins-paradis, là invocation de ce qui est achevé, ici évocation de ce qui est perdu, sont rythmés par l'arbre de vie répété et multiplié sur le mode de la Genèse par la vision apocalyptique vétéro et néo-testamentaire (voir les *Illustrations* précédentes et les *Illustrations* suivantes) – mais dans le jardin définitif il n'y a aucune interférence d'autres plantes, tandis que dans le jardin déjà-pas-encore se trouve l'arbre de la connaissance du bien et du mal (voir *Illustration 15*) -; le chœur des Apôtres, là 4 en profession christologique, ici 12 en proclamation de la grande doxologie: l'*apostoleíon*, "le collège des apôtres ", normalement représenté par le biais de 12 disciples "appelés et envoyés directement"; la défection de Judas Iscariote remplacé par les Onze avec Matthias qui, avec eux, fut témoin de la Résurrection (Ac 1, 15-26), l'ajout de Saul par la voix du Ressuscité en personne (Ac 9, 1-20) et la considération apostolique au sens propre des évangélistes Marc et Luc qui ne comptent pas parmi "les Douze" (Mt 10; Mc 3; Lc 6; Ac 1) ont constitué une série d'habiletés pour la représentation du 12 symbolique.

Sur notre mosaïque, qui exalte l'herméneutique christologique de la composition grâce à la représentation iconographique des 4 "témoins" du Christ dans la partie supérieure, les 12 énumérés dans la partie inférieure sont 9 membres du collège apostolique primitif: Jacques fils de Zébédée, son frère Jean l'Evangéliste, Barthélémy-Nathanaël, Philippe, Thomas le Didyme, Matthieu-Lévy l'Evangéliste, Simon le Zélote, Jacques fils d'Alphée, Jude-Thaddée, et avec eux 3 en surnombre: Matthias le substitut, Marc l'Evangéliste et Barnabé dont les Eglises ont partout fait mémoire comme apôtre au sens propre du terme.

TAVOLA · TABLE · ILLUSTRATION · ABBILDUNG · TABLA 13

ILLUSTRATION 13

Dans la partie inférieure, à gauche et à droite de l'Etimasie, nous trouvons dans le jardin et entre les palmiers un ange et un autre qui entonnent l'"hymne angélique" avec six apôtres et six autres apôtres qui le poursuivent. Que l'hymne soit entonnée par les anges est assez clair en soi; que les apôtres la poursuivent est une chose à expliquer, mais elle s'explique en elle-même. Une longue tradition largement répandue a attribué aux Douze la formulation des douze articles du symbole de Foi appelé, précisément, "apostolique ". Au XVIIème siècle, un auteur l'a soigneusement recueillie et ré-exposée de manière organique[6]. Inévitablement, il a dû collationner certains artifices pour concorder le sens de tel ou tel article de foi avec le caractère transmis par tel ou tel apôtre, mais il a également pu illustrer utilement le sens du symbole par des traits de luminosité apportés par certaines concordances. A son tour, le formateur iconologique de notre iconographie aura procédé de manière analogue, car l'ordre de la succession semble intentionnel suivant la "concordance" entre le caractère de chaque apôtre titulaire et la séquence textuelle de l'hymne. Maintenant que les techniques de codification et de dé-codification iconique s'ouvrent à nous, notre herméneutique doit en puiser les fruits, sans rien entraver mais plutôt en aiguisant la curiosité.

Les deux anges ailés vêtus de blanc, proposant leur hymne à la Première Venue du Sauveur, désignent le trône préparé pour sa Seconde Venue; rythmant de la sorte dans l'entre-temps de l'économie salvifique spatio-temporelle l'espace eschatologique du jardin d'Eden grâce aux douze arbres, les mosaïstes du XIXème siècle ont inséré l'évocation d'une treizième et d'une quatorzième plante aux extrémités droite et gauche de la série d'apôtres.

ILLUSTRATION 14

L'ange situé à gauche de l'Etimasie (*Illustration 14*) porte inscrit dans la cartouche: *Gloria* [excelsis] *Deo* (Lc 1, 14a: "Gloire à Dieu au plus haut des cieux"). L'ange de droite (*Illustration 15*): *Et in terra pax hominibus bonae voluntatis* (Lc 2, 14b): "Et paix sur la terre aux hommes qu'il aime"). Ni l'un ni l'autre ne sont nommés, rien ne s'ajoute donc à tout ce qu'enseigne l'exégèse patristique, doctorale, scientifique de l'Evangile de Luc. Toutefois à côté du second ange ne se trouve pas le palmier, l'arbre de vie, mais un bigaradier, arbre de la connaissance du bien et du mal. Les mosaïstes s'écartent des symboles du pommier qui, dans les années 10 du XIIIème siècle, sont exécutés sur la petite coupole de l'Exameron dans le narthex de la basilique Saint-Marc à Venise et se rapprochent du symbole du bigaradier, aux séduisants fruits dorés, qui, dans les années 40 et 80 du XIIème siècle, avait été exécuté sur les murs de la nef de la chapelle palatine de Saint-Pierre à Palerme et de la basilique monastique de Sainte-Marie-Nouvelle à Monreale (à Saint-Paul-hors-les-Murs de Rome, seuls travaillent donc des mosaïstes vénitiens?).

ILLUSTRATION 15

Le chœur des Douze, dans la partie inférieure, exécute la première partie et la seconde de la grande doxologie à "quatuor" dans chacun desquels il y a un évangéliste – Luc, auteur de l'intonation se trouve dans le "quatuor" de la partie supérieure. Les exclamations doxologiques de la première partie: Jacques (le Majeur), Jean (l'Evangéliste), Barthélemy, Philippe, Thomas, Matthieu (l'Evangéliste), Simon, Jacques (le Mineur); la supplique litanique de la seconde partie, Matthias, Jude, Marc (l'Evangéliste), Barnabé. Chaque mouvement de quatre évangélisateurs de la Résurrection représente une attitude pascale distincte dans l'existence des hommes aimés de Dieu et convoqués par lui à l'économie salvifique de la communion avec le Christ récapitulateur de toutes choses.

Chaque apôtre propose sa cartouche à chœur battant, tout comme les deux anges qui entonnent l'hymne, de la gauche à la droite du Christ assis et de son Etimasie, selon l'usage affirmé et propagé par l'exécution du chant grégorien.

Jacques

Laudamus Te (Nous Te louons) (*Illustration 16*)

ILLUSTRATION 16

La première exclamation est confiée à Jacques, fils de Zébédée, qui, avec son frère Jean et avec Pierre, est le témoin privilégié de Jésus. C'est à eux que le Seigneur réserva d'être présents à la guérison de la belle-mère de Pierre (Mc 1, 29), à la résurrection de la fille de Jaïre (Mc 5, 37), à la transfiguration glorieuse (Mt 17, 1) et à l'agonie mortifiante (Mt 26, 37). Il fut aussi le premier des apôtres à rendre témoignage au Ressuscité au prix de son sang (Ac 12, 2).

Mais la mosaïque marque curieusement le début "laudatif" de l'hymne des hommes en écho à l'hymne des anges. Le *titulus* (dénomination) de l'apôtre, "premier témoin" à sa façon, *Sanctus Iacobus* (Saint Jacques), est écrit à deux reprises verticales de droite à gauche et, même avec l'inversion spéculaire des lettres de droite: BUS | Ƨ IAƆO. C'est que l'icône conçoit l'hymne des hommes dans la grande doxologie comme une louange en réponse à l'exécution des anges, en vertu de la présence aux mystères et aux événements dont le Christ Seigneur nous rend témoins.

Par notre "présence" nous lui rendons témoignage en chantant par notre existence la "louange" de David: «Ta louange toujours sur mes lèvres» (Ps 33, 2), et encore le Psautier: «Ma bouche est remplie de ta louange, tout le jour, de ta splendeur» (Ps 70, 8); «Tes fidèles exultent glorieux… ils acclament les éloges de Dieu à pleine gorge» (Ps 149, 5-6). Et Paul: «Puissiez-vous être purs et sans reproche pour le Jour du Christ, dans la pleine maturité de ce fruit de justice que nous portons par Jésus-Christ, pour la gloire et la louange de Dieu» (Ph 1, 10-11).

ILLUSTRATION 17

Jean

Benedicimus Te (Nous Te bénissons) (*Illustration 17*)

La réponse suivante vient de Jean, l'autre témoin privilégié avec son frère Jacques et avec Pierre. Notre "bénédiction" lui est confiée, à lui qui non seulement a insisté dans son Evangile (Jn 12, 13) sur la reprise de la bénédiction de l'*Hallel*, «Béni soit celui qui vient au nom du Seigneur» faite par les trois évangélistes synoptiques (Ps 117, 26; Mt 21, 9; Mc 11, 9; Lc 19, 38: «Béni celui qui vient, le roi, au nom du Seigneur ! Paix au ciel[7] et gloire au plus haut des cieux!»); mais qui a aussi rapporté ce chant dans sa vision (Ap 4, 8) jusqu'à l'"apparition" du Dieu Pantokrator et de l'Agneau immolé vainqueur: «Chaque fois que les Vivants offrent gloire, honneur et action de grâces à Celui qui siège sur le trône et qui vit dans les siècles des siècles, les vingt-quatre Vieillards se prosternent devant Celui qui vit dans les siècles des siècles...

Ils disaient d'une forte voix:
«L'Agneau qui a été immolé est digne
de puissance et richesse, sagesse et force
et honneur et gloire et bénédiction».

Et toute créature dans le ciel et sur la terre et aux enfers et dans la mer et toute chose qui y sont contenues entendit qu'ils disaient:

«A Celui qui est assis sur le trône de l'Agneau
bénédiction, honneur, gloire et puissance
dans les siècles des siècles!» (Ap 4, 9; 5, 13).

C'est que la mosaïque entend notre bénédiction adressée à l'Agneau qui est venu au nom du Seigneur et qui, ressuscité, retourne vainqueur. Cette bénédiction monte vers lui en attendant que sa bénédiction descende vers nous pour apporter «le Royaume préparé dès avant l'origine du monde» à ceux «dont le nom est écrit depuis la fondation du monde» (Ap 13, 8).

ILLUSTRATION 18

Barthélemy

Adoramus Te (Nous T'adorons) (*Illustration 18*)

Identifié à Nathanaël, Barthélemy est l'apôtre conduit à Jésus par Philippe, et que le Messie accueille par cet éloge: «Voici vraiment un Israélite sans détour» (Jn 1, 48). En commençant par une espérance perplexe (Jn 1, 46) sans tarder il finit par déclarer avec foi: «Tu es le fils de Dieu, tu es le roi d'Israël !» (Jn 1, 49). Jésus lui dit alors: «Vous verrez le ciel ouvert et les anges de Dieu monter et descendre au-dessus du Fils de l'Homme» (Jn 1, 51). Par ailleurs, dans les actes apocryphes de Barthélemy, on raconte qu'à Bosras, ville de la Célésyrie, il ressuscita un jeune homme qu'on allait ense-

TAVOLA · TABLE · ILLUSTRATION · ABBILDUNG · TABLA 14

GLA
I NE
CEL
XIS
.OO
SCAITAN
ABAS

velir: une langue de feu sortit de sa bouche et passa dans la bouche du jeune en lui ré-insufflant la vie. Tous en furent effrayés et le prenaient pour un dieu auquel offrir des sacrifices (schéma d'Ac 14, 8-18); mais l'apôtre prêcha l'Evangile de Jésus et les convertit à l'adoration du Fils de Dieu fait Fils de l'Homme, mort et ressuscité[8].

Ainsi l'icône illustre l'adoration dans notre hymne entonnée par les anges qui descendaient et montaient au-dessus du Sauveur qui était né (Lc 2, 9-15), hymne adressée à celui que nous professons vraiment «Fils de Dieu» et qui se révèle à nous dans la foi et l'espérance comme «Fils de l'Homme», mort et ressuscité.

ILLUSTRATION 19

Philippe

Glorificamus Te (Nous Te glorifions) (*Illustration 19*)

Les exclamations doxologiques de "louange, bénédiction, adoration" se concluent par l'exclamation doxologique de "gloire": donc exclamation re-duplicative, une sorte d'illumination de l'hymne à partir de l'intérieur de l'hymne.

Elle est confiée à l'apôtre de la vision car Philippe, de la première vocation contraignante à l'ultime révélation affectueuse, est disciple de vision. La première vocation ("le lendemain" de la vocation d'André et de son frère Simon Pierre): «Jésus rencontre Philippe et lui dit: Suis-moi !» (Jn 1, 43); aucune parole de Philippe en réponse à Jésus, mais nous voyons l'apôtre suivre le Maître car «Philippe rencontre Nathanaël et lui dit: Celui dont Moïse a écrit dans la Loi, ainsi que les Prophètes, nous l'avons trouvé: Jésus, le fils de Joseph, de Nazareth. Nathanaël lui dit: De Nazareth, peut-il sortir quelque chose de bon ? Philippe lui répondit: Viens et vois !» (Jn 1, 45-46). Jésus "voit" Nathanaël qui vient à sa rencontre (Jn 1, 47) et il le surprend en lui révélant qu'il l'avait "vu" sous le figuier (Jn 1, 48-50). Il affirme devant Nathanaël qui écoute et devant Philippe qui "voit ": «Vous verrez le ciel ouvert et les anges de Dieu monter et descendre au-dessus du Fils de l'Homme» (Jn 1, 51).

La dernière révélation: «Philippe lui dit: Seigneur, montre-nous le Père et cela nous suffit. Jésus lui dit: Voilà si longtemps que je suis avec vous, et tu ne me connais pas, Philippe? Qui m'a vu a vu le Père» (Jn 14, 8-9). De la vocation que suit Philippe en s'ingéniant à voir «Celui dont Moïse a écrit dans la Loi, ainsi que les Prophètes», à la révélation parce qu'il réfléchit jusqu'à l'extrême conclusion sur celui qu'il a vu «depuis si longtemps», il lui arrive ce qui arriva aux disciples d'Emmaüs: «Quelques femmes qui sont des nôtres... s'étant rendues de grand matin au tombeau... sont revenues nous dire qu'elles ont même eu la vision d'anges qui le disent vivant. Quelques-uns des nôtres sont allés au tombeau... mais lui, ils ne l'ont pas vu !... Et, commençant par Moïse et parcourant tous les Prophètes, il leur interpréta dans toutes les Ecritures ce qui le concernait… Comme il était à table avec eux, il prit le pain, dit la bénédiction, puis le rompit et le leur donna. Leurs yeux s'ouvrirent et ils le reconnurent... mais il avait disparu de devant eux» (Lc 24, 22-31).

Et de la première vocation à la dernière révélation, Philippe remplit aussi le ministère apostolique de vision: «La foule nombreuse venue pour la fête apprit que Jésus venait à Jérusalem; ils prirent les rameaux des palmiers et sortirent à sa rencontre et ils criaient: Hosanna ! Béni soit celui qui vient au nom du Seigneur et le roi d'Israël !… Il y avait là quelques Grecs, de ceux qui montaient pour adorer pendant la fête. Ils s'avancèrent vers Philippe, qui était de Bethléem en Galilée, et ils lui firent cette demande: Seigneur, nous voulons voir Jésus… Jésus leur dit: Pour peu de temps encore la lumière est parmi vous. Marchez tant que vous avez la lumière, de peur que les ténèbres ne vous saisissent: celui qui marche dans les ténèbres ne sait pas où il va. Tant que vous avez la lumière, croyez en la lumière, afin de devenir des fils de lumière» (Jn 12, 12-36). La cartouche de l'exclamation doxologique re-duplicative dans la main de l'apôtre de la vision me rappelle l'usage des célébrations du rite byzantin qui introduit le chant du *Gloria* par le chant d'une exclamation proleptique, re-duplicative elle aussi: *Doxa soi to deixanti phos*, (Gloire à toi qui nous as montré la lumière). Gloire comme lumière, lumière comme vision; c'est ainsi que notre hymne "s'illumine ".

Thomas

Gratias agimus tibi propter magnam gloriam tuam (Nous Te rendons grâce pour ton immense gloire) (*Illustration 20*)

ILLUSTRATION 20

La gloire jusqu'ici acclamée est motif d'"action de grâces" qui colore notre hymne par la globalité de l'histoire du salut; *eucharistoumen dia ten megalen sou doxan*, (parce qu'immense est ta gloire nous te rendons grâces).

Suggestion qui, progressivement, insinue l'attribution de cette acclamation à Thomas. De fait, cet apôtre proverbial pour son "incrédulité" en la résurrection de Jésus se caractérise également par son implication passionnée dans le risque de la résurrection de Lazare: «Jésus dit: Cette maladie ne mène pas à la mort, elle est pour la gloire de Dieu: afin que le Fils de Dieu soit glorifié par elle. Or Jésus aimait Marthe et sa sœur et Lazare. Quand il apprit que celui-ci était malade, il demeura deux jours encore dans le lieu où il se trouvait; alors seulement il dit aux disciples: Allons de nouveau en Judée. Ses disciples lui dirent: Rabbi, tout récemment les Juifs cherchaient à te lapider, et tu retournes là-bas !… Alors Thomas, appelé Didyme, dit aux autres disciples: Allons, nous aussi, pour mourir avec lui !... Père, je te rends grâces de m'avoir écouté. Je savais que tu m'écoutes toujours; mais c'est à cause de la foule qui m'entoure que j'ai parlé, afin qu'ils croient que tu m'as envoyé...» (Jn 11, 4-42).

La résurrection de l'ami est typique de la résurrection de la multitude qu'il sauve par sa mort. Thomas s'est montré disponible pour mourir avec Jésus pour la glorification du Fils de Dieu dans la résurrection qu'il allait accomplir. Et notre action de grâces pour son immense gloire ne serait-elle pas émue par le drame qu'il vécut entre le temps de l'absence et celui de la présence du Ressuscité ? (Jn 20, 24-29).

MATTHIEU

Domine Deus Rex coelestis (Seigneur, Roi du Ciel, Dieu) (*Illustration 21)*

ILLUSTRATION 21

L'hagiographe du premier des Evangiles synoptiques a apprêté dans la partie supérieure le texte décisif pour l'Évangéliaire du Christ en gloire et pour la cartouche de Pierre; dans la partie inférieure, il intervient une seconde fois de manière toute aussi décisive.

L'Evangéliste Matthieu décrit la Seconde Venue du Fils de Dieu non seulement en indiquant le "royaume" comme l'héritage des saints, mais aussi en appelant "roi" le Christ Seigneur: «Quand le Fils de l'homme viendra dans sa gloire... il prendra place sur son trône de gloire... Alors le roi dira...: Venez les bénis de mon Père, recevez en héritage le Royaume qui vous a été préparé depuis la fondation du monde» (Mt 25, 31-34). Il a décrit la Première Venue du Fils de l'homme, racontant aussi bien sa "condamnation" royale par Hérode que sa glorieuse reconnaissance "royale" de la part d'adorateurs parmi les peuples: «Jésus étant né à Bethléem de Judée, au temps du roi Hérode, voici que des mages venus d'Orient arrivèrent à Jérusalem en disant: Où est le roi des Juifs, qui vient de naître ? Nous avons vu, en effet, son astre à son lever et sommes venus lui rendre hommage... Ils virent l'enfant avec Marie sa mère, et, se prosternant, ils lui rendirent hommage; puis, ouvrant leurs cassettes, ils lui offrirent en présents de l'or, de l'encens et de la myrrhe...» (Mt 2, 1-2.11). Le choix de l'apôtre Matthieu pour le titre du *Rex coelestis* au "Seigneur" dont nous chantons l'"immense gloire" en reprenant le v. 4 du *Gloria* - "Seigneur Dieu roi du Ciel / Dieu le Père Tout-Puissant" – est la proclamation de cette détermination décisive.

TAVOLA · TABLE · ILLUSTRATION · ABBILDUNG · TABLA 15

ETI
NTE
RRA
PAX·
·h·
·B·
V·
ADINVLFVS
ACS

ILLUSTRATION 22

Simon

Deus Pater Omnipotens (Dieu le Père Tout-Puissant) (*Illustration 22*)

Entendant exclure la référence du: “Seigneur Dieu roi du Ciel” au concomitant: “Dieu le Père Tout-Puissant” et l’ajouter, en revanche, à l’expression suivante: “Seigneur Fils unique Jésus-Christ” pour l’identification du “Tu” dont nous chantons “l’immense gloire”, il est nécessaire de donner le résidu de la coupure presque entre parenthèses.

Le mosaïste a pris la responsabilité de le faire par le biais de deux astuces, plus ou moins plausibles, consistant à couper le verset – cas unique dans toute la séquence – en confiant la première moitié à exalter à l’évangéliste dont nous avons parlé et à attribuer cette seconde moitié à “éclipser” à l’apôtre Simon dont nous ne savons presque rien. Appelé, cependant, “le zélote”, cela laisse supposer qu’il a laissé la secte des “jaloux” (en dernière analyse, c’est le sens de ce terme) pour passer à la suite de Jésus. Les membres de cette secte “luttaient désespérément et mouraient fanatiquement pour la liberté politique à reconquérir de façon fondamentaliste et à tout prix, convaincus que Dieu seul est leur guide et leur roi”[9].

ILLUSTRATION 23

Jacques

Domine Fili Unigenite Jesu Christe (Seigneur, Fils Unique, Jésus-Christ) (*Illustration 23*)

L’équivalent christologique du titre “roi du Ciel”: *Fili Unigenite*, est confié à Jacques, fils d’Alphée, “le frère du Seigneur” (Ga 1, 19; Mt 13, 55). Le Christ ressuscité lui apparut avant d’apparaître à l’ensemble des apôtres (1 Co 15, 7). C’est lui qui “dirigea” l’Eglise de Jérusalem (Ac 12, 17). Pierre, Jean et lui furent “considérés comme les colonnes” (Ga 2, 9). On l’a assimilé à l’auteur de la lettre intitulée «Jacques, serviteur de Dieu et du Seigneur Jésus-Christ, aux douze tribus de la Dispersion» (Jc 1,1).

Probablement en raison de sa célèbre dignité, de son ministère primatial dans l’Eglise mère de Jérusalem, de l’apparition spéciale du Ressuscité et de sa perception de la proximité imminente du Seigneur, sûrement en raison de sa consanguinité avec le Fils Unique de Dieu, il conclut la première partie de l’hymne.

Matthias

Domine Deus, Agnus Dei Filius Patris (Seigneur Dieu, Agneau de Dieu, le Fils du Père) (*Illustration 24*)

ILLUSTRATION 24

La litanie est adressée à l'Agneau – avec les caractéristiques que possède l'Agneau, de *Genèse* à *Exode*, de Jean-Baptiste à Jean l'Evangéliste, de *1 Pierre* à l'*Apocalypse* – C'est à l'apôtre coopté par les Onze qu'est confié le vocatif initial qui sera qualifié par deux évocations, une répétée de façon litanique: *Qui tollis peccata mundi* (Toi qui enlèves les péchés du monde) et une autre, conclusive: *Qui sedes ad dexteram Patris* (Toi qui es assis à la droite du Père) et par deux invocations, une répétée de façon litanique: *miserere nobis* et une médiane: *suscipe deprecationem nostram* (reçois notre prière). Vocatif initial qui nomme Dieu, Agneau de Dieu, Fils du Père, le "Seigneur", *Kyrie*, c'est-à-dire vocatif de narration plénière du Seigneur Jésus, de la vie divine immanente à l'économie divine salvifique plénière.

Le mosaïste a donc placé Matthias, l'apôtre ajouté, devant Jude Thaddée, apôtre du Collège primitif des Douze, ayant perçu qu'un tel vocatif est, précisément, monodique à la qualification de Matthias: celle-ci, à sa façon, est plénière de la théophanie dans le Jourdain à l'assomption céleste de l'humanité; en effet, dit Pierre aux frères en établissant la cooptation dans le Collège apostolique: «Il faut donc que, de ces hommes qui nous ont accompagnés tout le temps que le Seigneur Jésus a vécu au milieu de nous, en commençant au baptême de Jean jusqu'au jour où il nous fut enlevé, il y en ait un qui devienne avec nous témoin de sa résurrection» (Ac 1, 21-22). Notre supplique dans l'hymne est litanique et mémoriale dans l'ensemble du *descensus-ascensus* (descente-montée) du Christ Sauveur.

Thaddée

Qui tollis peccata mundi miserere nobis (Toi qui enlèves le péché du monde, accueille notre prière) (*Illustration 25*)

ILLUSTRATION 25

«Judas – pas l'Iscariote – lui dit: Seigneur, et qu'est-il advenu, que tu doives te manifester à nous et non pas au monde ? Jésus lui répondit: Si quelqu'un m'aime, il gardera ma parole, et mon Père l'aimera et nous viendrons vers lui et nous nous ferons une demeure chez lui» (Jn 14, 22-23).

La question de l'apôtre Jude Thaddée au Maître oriente notre prière litanique vers la considération de la miséricorde de l'Agneau "qui enlève le péché du monde" simplement comme amour de Dieu demeurant en nous; et miséricorde qui se manifeste à quiconque «l'aime et garde sa parole», c'est-à-dire à quiconque se met à sa suite sans réserve dans l'intimité du disciple.

ILLUSTRATION 26

Marc

Qui tollis peccata mundi suscipe deprecationem nostram (Toi qui enlèves le péché du monde, reçois notre prière) (*Illustration 26*)

A l'Agneau "qui enlève le péché du monde" la litanie demande aussi: "reçois notre prière"; redoublant, cette fois, la prière elle-même.

Cette insistance, typique de la prière litanique, est proposée par le disciple évangéliste très cher à l'apôtre Pierre: «Marc, mon fils» (1 P 5, 13) – «le cousin de Barnabé» (Col 4, 10) – Il me semble que le choix de lui confier ce passage est influencé par cet apocryphe tardif, publié dans les récentes années 60 du XXème siècle à partir d'un manuscrit du Mont Athos copié à l'époque où les mosaïstes vénitiens travaillaient dans la basilique romaine – ce sont les tardifs "Actes, miracles et martyre du saint et très pieux apôtre évangéliste Marc", alors diffusés sur les rives de l'Adriatique -. Ils racontent que Marc fut d'abord un disciple de Jean-Baptiste, puis de Jésus.

La péricope évangélique sur les préparatifs de la dernière Cène est autobiographique: «Allez à la ville; vous rencontrerez un homme portant une cruche d'eau. Suivez-le, et là où il entrera, dites au propriétaire: Le Maître te fait dire: Où est ma salle, où je pourrai manger la Pâque?» (Mc 14, 13-14); l'homme qui fut le "signe" vers le lieu de la préparation de l'Agneau pascal était, précisément, Marc. Il évangélisa Antioche, Séleucie, Césarée, d'abord avec Barnabé, puis avec Paul et enfin avec Pierre qu'il accompagna à Rome où il écrivit le deuxième Evangile. De Rome, Pierre l'envoya à Alexandrie, en Egypte. Il partit prêcher et accomplit de nombreux prodiges, lui qui avait à peine écrit: «Jésus leur dit [aux Onze]: Allez dans le monde entier proclamez l'Evangile à toute la création. Celui qui croira et sera baptisé, sera sauvé; celui qui ne croira pas, sera condamné… Ils s'en allèrent prêcher en tout lieu, le Seigneur agissant avec eux et confirmant la Parole par les signes qui l'accompagnaient» (Mc 16, 15-20). La neuvième année, le Seigneur lui apparut pour lui annoncer qu'il subirait le martyre durant les fêtes pascales: il fut torturé et tué le 25 avril à l'âge de 57 ans[10]. La *legenda* rapporte qu'il servit de signe au Repas de l'Agneau et la thaumaturgie de sa supplique pour les prodiges vient confirmer sa Parole évangélique[11].

L'harmonie de l'évocation, avec les qualifications de Marc pour sa discrète transparence en filigrane de l'Agneau qui sauve, s'insère bien dans notre litanie. De même que la symphonie de l'invocation pour son récit thaumaturgique de Jésus qui guérit les plaies et les souffrances.

BARNABÉ

Qui sedes ad dexteram Patris miserere nobis (Toi qui sièges à la droite du Père, prends pitié de nous) (*Illustration 27*)

ILLUSTRATION 27

L'invocation de la miséricorde devient maintenant dans l'hymne une insistance litanique définitive et l'évocation est ici l'arrivée définitive dans la "descente-montée" du Christ Sauveur de l'humanité. Confiées à Barnabé, extraordinaire familier de Paul, cette évocation et cette invocation résument notre profession de disciples chrétiens.

«L'Eglise de Jérusalem envoya Barnabé à Antioche. Lorsqu'il arriva et qu'il vit la grâce accordée par Dieu, il s'en réjouit et les encouragea tous à demeurer, d'un cœur ferme, fidèles au Seigneur... Barnabé partit alors chercher Saul à Tarse. L'ayant trouvé, il l'amena à Antioche. Toute une année durant ils vécurent ensemble dans l'Eglise et y instruisirent une foule considérable. C'est à Antioche que pour la première fois, les disciples reçurent le nom de chrétiens» (Ac 11, 22-26). C'est une anthologie définitoire. Etre "fils de l'exhortation", voir la grâce du Seigneur et en jouir, être des hommes capables car remplis d'Esprit Saint et de foi: alors nous sommes vraiment et réellement "appelés chrétiens" tandis que nous attendons que le Sauveur assis à la droite du Père revienne.

Il n'est pas trop étonnant que la grande doxologie de la basilique paulinienne s'achève en omettant toute la troisième partie de l'hymne. Nous revoyons le regard de Paul VI aux "yeux ravis et extasiés" devant l'abside que nous avons reparcourue: «... le Christ qui, grandiose, préside l'assemblée réunie dans la basilique, c'est-à-dire l'Eglise» (29 septembre 1963). A juste titre, le Pape Paul passe de l'abside à la nef de la basilique et voit "l'Eglise" dans l'assemblée réunie en présence du Christ Jésus "resplendissant" là-haut "sur cette splendide mosaïque". Passage entre l'icône liturgique et la convocation dans l'Esprit Saint aussi délicat dans la "réalisation", c'est-à-dire la mise en acte des présences, que virtuose dans la sacramentalité "fréquentative", c'est-à-dire célébrative du mystère.

C'est au rite de l'Assemblée célébrante qu'il est donné de conduire l'iconographie de la grande doxologie de la prière litanique à l'*Amen*. S'il appartient toujours à l'Eglise réunie dans l'Esprit Saint de chanter l'hymne, la mosaïque de la basilique paulinienne reconnaît à cette même assemblée l'iconisation finale. Une sorte d'échange spéculaire esthétique de la création: l'assemblée se sent et se voit virtuellement présente dans l'icône, et l'icône embrasse l'assemblée dans sa propre présence caractéristique.

LA
VD
AM
VS
TE

Einleitung

Das Loblied *Gloria in excelsis Deo* ist seit Jahrhunderten in der Eucharistiefeier präsent. Zahlreiche Musiker und Maler jeder Epoche und jeder Stilrichtung haben seine Schönheit besungen.

Mons. Crispino Valenziano[1] bietet uns mit diesem Buch, das in fünf Sprachen erscheint, einen einschneidenden Kommentar dieser Hymne, die so herrlich im Apsismosaik der Patriarchalbasilika Sankt Paul vor den Mauern dargestellt ist. Sie kann als eine der schönsten Seiten der *Biblia pauperum*, der "Bibel der Armen" angesehen werden, also jener künstlerischer Darstellungen, die vor der Erfindung des Buchdrucks die einzige Stütze darstellten, dank der nicht gebildete Personen die verschiedenen Etappen der Heilsgeschichte "lesen", betrachten und zu ihr meditieren konnten.

Die antiken Kirchenväter haben die Wichtigkeit der Bilder unterstrichen, sowohl um die Wahrheit des Glaubens zu illustrieren als auch um das beispielhafte Verhalten der Heiligen hervorzuheben. Diesbezüglich sagt der Hl. Johannes Damascenus (675-754): "Das, was die Bibel für die gebildete Person ist, ist das Bild für die Analphabeten, und das, was das Wort für das Gehör ist, ist das Bild für die Augen" [2].

Für die Kirche haben die Bilder nicht nur den Zweck zu belehren, sondern auch den, eine präzise Orientierung auf ein auf das Evangelium ausgerichtetes Leben zu geben, wie Gregor der Große (540-604) anmerkte: "Das, was für die Leser die Schrift ist, ist das Bild für die Augen derjenigen, die nicht gebildet sind, weil in ihm sogar die Dummen *sehen*, was sie *nachahmen* müssen, in ihm lesen auch diejenigen, die nicht lesen können"[3].

In unserem Fall ist das Mosaik, das das Loblied *Gloria in excelsis Deo* illustriert, keine einfache, sondern eine "mystagogische Katechese"; d.h. die Kirche bietet entsprechend eines konsolidierten Brauchs großer Wirksamkeit in den Traditionen des des Ostens und des Westens das "Loblied der Engel und der Menschen" in einer bewundernswerten Verbindung mit der Liturgiefeier dar.

Das Ziel dieser Publikation ist es, eine Hilfe für die "Lesung" des Apsismosaiks der Patriarchalbasilika Sankt Paul zu geben, um seine Botschaft leichter "leben" zu können, indem man aktiv an der eucharistischen Liturgie teilnimmt und im Leben den Lobgesang fortführt: "Ehre sei Gott in der Höhe".

+ Francesco Gioia, Arcivescovo
Päpstlicher Verwalter
der Patriarchalbasilika
Sankt Paul

Rom, 29. Juni 2003, *Fest der Heiligen Petrus und Paulus, Apostel*

S
IOKS
BE
NED
ICI
MVS
STE

Das Apsismosaik in St. Paul

Das Apsismosaik in Sankt Paul vor den Mauern, das die Paulsbasilika der Via Ostiense beherrscht, ist in seiner Art eine sehr originelle Darstellung der biblisch-liturgischen Hymne *Gloria in excelsis Deo* (Ehre sei Gott in der Höhe des Himmels), die sogenannte "große Doxologie", die große Lobeshymne, die seit Jahrhunderten während der Eucharistiefeier gesungen wird[4]. Die nachfolgende Übersetzung versucht, sich so gut wie möglich der authentischsten Version zu nähern:

"Ehre sei Gott in der Höh'
und Frieden auf Erden den Menschen seines Wohlgefallens!
Wir loben dich, wir segnen dich,
wir beten dich an, wir verherrlichen dich,
wir danken dir für deine unendliche Herrlichkeit:
Herr, König des Himmels, Gottvater, *Pantokrator*
Herr, eingeborener Sohn, Jesus Christus
und Heiliger Geist!
Kyrie Gott, Lamm Gottes, Sohn des Vaters,
Du, der Du die Sünden von der Welt nimmst,
erbarme Dich unser!
Du, der Du die Sünden von der Welt nimmst,
erhöre unser Flehen!
Du, der Du zur Rechten des Vaters sitzt,
erbarme Dich unser!
Denn Du, der einzige Heilige, Du, der einzige Herr
Du allein, der Höchste!
Jesus Christus
mit dem Heiligen Geist
für die Herrlichkeit von Gott dem Vater!
Amen".

Dort oben, auf etwa 16-28 m Höhe, glänzt eine goldene Halbkuppel, die die gesamten 24 m Länge des Raumes vor dem Altar der Confessio umfaßt *(Abbildung 1)*. Die Historiker würden gern mehr darüber wissen; wir schöpfen die Informationen, die für unsere Lesung ausreichen, aus der Tradition des Benediktinerklosters.

Es ist wahrscheinlich, dass eine Apsistheophanie die *domus* des Apostel bereits seit dem nach-konstantinischen Bau durch den Architekten Cyriades schmückte, die von den Kaisern Theodosius, Arkadius und Valentinian 386 bestimmt worden und von Papst

ABBILDUNG 1

Siricius 390 geweiht worden war. Restaurierung nach Restaurierung, von Leo dem Großen (440-461), der das nach einem Blitzschlag eingestürzte Dach wieder herstellen lässt und den noch heute erhaltenen Triumphbogen mit Mosaiken schmücken lässt, bis Symmachus (498-514), der die Apsis restaurieren lässt; von Leo III. (795-816), der die Schäden des Erdbebens im Jahr 801 beheben musste, bis Gregor VII. (1073-1085), der als Klosterabt, als Erzdiakon und als Bischof der römischen Kirche die Schönheit des Gebäudes und des Kultes vergrößern konnte; und sicherlich auch während des Pontifikats von Innozenz III. (1198-1216), wird in der Apsisconche die Komposition ausgeführt, die wir noch heute sehen können, und für die Honorius III. 1218 den Dogen von Venedig auffordert, weitere zwei Handwerker zu entsenden, die sich zu den bereits an dem Werk arbeitenden Mosaizisten gesellen sollen. Eine Restaurierung, die vom Kellermeister des Klosters, Innocenzo di Ca' de Bruni, einem venezianischen Mönch, Anfang 1566 angeordnet wird und die nicht gut gelingt, führt zum progressiven Verfall des Mosaiks. Benedikt XIII. (1724-1730) verstrickte sich in der Korrektur dieser unglücklichen Arbeiten, Clemens XII. (1730-1740) führte sie weiter und unterbrach sie, Benedikt XIV. (1740-1755) führte sie unter weiteren Schäden zu Ende; auf diesen letzten Eingriff seinerseits geht sogar die Wegnahme von sieben Szenen zurück, die völlig neu gemacht wurden; darunter der Kopf des Hl. Petrus, der heute mit anderen Verbindungen mit den Wänden vor der Sakristei verbunden ist *(Abbildung 2)*.

ABBILDUNG 2

Der schreckliche Brand des Jahres 1823 traf nicht so sehr das Werk, beschädigt wurde es vielmehr durch die schwerwiegenden Eingriffe zum Wiederaufbau des Gebäudes. Die betroffenen Teile wurden mit den wenig zuverlässigen Techniken des 19. Jh. und ohne große Skrupel bezüglich ihres Erhalts abgelöst und die gesamte Oberfläche wurde mit *"Hefeasche" gekämmt*, um die Farbtöne des zuvor Bestehenden mit dem Ersetzten zu verbinden.

ABBILDUNG 3

Aber lesen wir die Bildkomposition ausgehend vom Zentrum nach außen.

Im Zentrum *(Abbildung 3)* IC+XC, Jesus Christ, auf dem Thron der Wiederkunft sitzend, bei seinem zweiten Kommen, der mit der Rechten die Erwählten segnet und mit der Linken sein Evanglium zur Verlesung des Urteils öffnet: *Venite Benedicti Patris Mei / Percipite Regnum Quod Vobis Paratum Est Ante Originem Mundi* (Mt 25,34: "Kommt her, die ihr von meinem Vater gesegnet seid, nehmt das Reich in Besitz, das seit der Erschaffung der Welt für euch bestimmt ist"). Es spricht der Christkönig der Herrlichkeit, der ewige Sohn des Vaters, der gekommen ist, um zur Rechten Gottes zu richten. In ihm konvergieren alle und alles.

ABBILDUNG 4

Zu seinem rechten Fuß sitzt *(Abbildung 4)* Honoris III. (1216-

1227), der Auftraggeber des mittelalterlichen Mosaiks. Dies ist das Bild, auf das sich auf unvergeßliche Weise Papst Paul VI. In seiner ersten Allokution vor den Bischöfen des Zweiten Vatikanischen Konzils am 29. September 1963 bezog: “Unseren verzückten und verstörten Augen erscheint Jesus selbst strahlend vor so viel Herrlichkeit wie in euren Basiliken, ehrenwerte Brüder der Ostkirchen und auch der Westkirchen, es erscheint der *Pantokrator*. Und wir selbst sehen uns in der Person unseres Vorgängers Honorius III. im herrlichen Mosaik in Sankt Paul vor den Mauern dargestellt, während wir Christus anbeten, klein von Statur und bestürzt am Boden kniend, um die Füße Christi zu küssen, der mächtig der Versammlung in der Basilika vorsitzt, das heißt der Kirche”.

Aber im Gipfelpunkt *(Abbildung 5)* steht nicht die Hand als Emblem des Vaters; man hat hierzu Notizen in der Originaldarstellung. Ebenso fehlt die Taube als Emblem des Hl. Geistes in der *Etoimasia tou thronou* (Vorbereitung des Thrones) für das Zweite Kommen des Erlösers; in unserem Mosaik ist die Etimasia *(Abbildung 6)* lediglich christologisch. Über dem Purpurkissen des mit Edelseinen besetzten Thrones sehen wir das geschlossene Evangeliar, und das Kreuz, beide mit Edelsteinen besetzt; es ist keine Abdeckung vorhanden, aber hinter dem Kissen die Dornenkrone auf einer Stange erhoben und die Lanze sichtbar, der mit Essig getränkte Schwamm an einer Rute und die Nägel der Kreuzigung eingetaucht in den Kelch voller Blut.

Im oberen Bereich, rechts vom Christus auf dem Thron Paulus *(Abbildung 7)*, Titutlarbischof der Basilikal-*domus*, mit der Schriftrolle der Hymne *kenosis*: *In nomine Jesu omne genuflectatur coelestium terrestrium et infernorum*, (Phil 2,10: “Damit alle im Himmel, auf der Erde und unter der Erde ihre Knie beugen vor dem Namen Jesu”); rechts von ihm, Lukas *(Abbildung 8)*, der Jünger und Evangelist, *ho agapetós*, “unser lieber Freund” (Kol 4,14), der in Rom im bevorstehenden Martyrium, *est mecum solus* (2 Tim 4,11: “Nur er ist noch bei mir”) mit der Schriftrolle seines Zeugnisses zum christologischen Bekenntnis, die die Taten des Paulus begründet: *Saulus autem convalescebat et confutabat Judeos affirmans quia hic est Christus*, (Apg 9,22: “Saulus aber trat um so kraftvoller auf und brachte die Juden in Damaskus in Verwirrung, weil er ihnen bewies, dass Jesus der Messias ist”). Der Mosaizist des 19. Jh. hat die beiden Darstellungen grob neu gestaltet.

Links von Christus auf dem Thron *(Abbildung 9)* Petrus, Apostel und “Bezugsfelsen” der Kirche mit der Schriftrolle des christologischen Bekenntnisses: *Tu es Christus Filius Dei vivi*, (Mt 16,16: “Du bist der Messias, der Sohn des lebendigen Gottes”); links von ihm, Andreas *(Abbildung 10)*, der erste berufene Apostel, der Bruder von Simon Petrus, der ihn zu Christus führte (Joh 1,40-42), mit der Schriftrolle der Erzählung des christologischen Zeugnisses im Kreuz

ABBILDUNG 5

ABBILDUNG 6

ABBILDUNG 7

ABBILDUNG 8

ABBILDUNG 9

ABBILDUNG 10

ABBILDUNG 11

ABBILDUNG 12

des Martyriums: *Beatus Andreas dum pendebat in cruce deprecabatur Dominum Jesum Christum* (*Passio Andreae*, 14: "Der selige Andreas am kreuz betete zum Herrn Jesus Christus"). Leider ist das Mosaik ähnlich wie die ihm entsprechende Hälfte überarbeitet worden.

Der obere Bereich gibt im Ganzen die Wiederkunft im "Garten" wieder, *parádeisos*, was umzäunt und in völliger Schönheit bebaut bedeutet, *hortus conclusus (Abbildung 11)*, klassisch für die eschatologische Figürlichkeit: blühend, bewohnt, gegossen zur apokalyptischen Transponierung (Ez 47; Apg 22) des anfänglichen Eden (Gen 2). In ihm ist die hervorstechende Pflanze der "Lebensbaum", den die Ikonenkünstler häufig über die Palme darstellten, der Baum der "360 Früchte und der 360 Perspektiven" gibt, eine für jeden Tag der Zeit und eine für jeden Ort im Raum[5]. In unserem Mosaik *(Abbildung 12)* ist der Lebensbaum in die Mitte des Gartens verpflanzt (Gen 2,9) von "einem Ufer zum anderen des Flusses" (Ez 47,12; Ap 22,2), die Palme schließt hier von links nach rechts spiegelgleich die gesamte Wiederkunft mit ein.

Als Bindungsglied zwischen dem oberen und dem unteren Bereich haben wir die beiden Throne, dort der Thron des "Zeiten Kommens" hier der Thron *inter tempora*, "der Zwischenzeit" *(Abbildung 13)* - wie wir beim "Thorn der Wiederkunft" Papst Honorius III. haben, so haben wie beim "vorbereiteten Thron" den Abt Giovanni Caietani (1212-1226) mit dem Kirchendiener Arnulfo und unter ihnen die heiligen Unschuldigen, deren Reliquien in der Basilika verehrt wurden, und die Sixtus V. (1585-1590) nach Santa Maria Maggiore *ad presepe* bringen ließ, nahe bei der Reliquie der Krippe von Bethlehem; der Paradiesgarten, dort Anrufung des Vollendeten, hier Evokation des Verlorenen, beide im Rhythmus bestimmt durch den Lebensbaum, der im Ansatz der Genesis der Apokalyse-Vision des Alten und des Neuen Testaments wiederholt und vervielfältigt ist (s. vorhergehende und nachfolgende *Abbildung 15*) - aber im definitiven Garten ohne Störung durch andere Pflanzen, während wir im Garten des Schon-Noch nicht noch den Baum der Erkenntnis finden; der Chor der Apostel, dort 4 zur christologischen Bekenntnis, hier 12 zur Verkündigung der großen Doxologie: das *apostoleíon*, "das Apostelkollegium", das normalerweise über die 12 Jünger dargestellt wird, die "direkt gerufen und entsandt werden"; der Abfall von Judas Iskariot, den die Elf durch Matthias ersetzen, damit er mit ihnen Zeuge der Auferstehung wird (Apg 1,15-26) die Hinzufügung von Saulus auf Forderung des Auferstandenen in Person (Apg 9,1-20) die apostolische Betrachtung im Sinne der Evangelisten Markus und Lukas, die nicht zu "den Zwölf" gezählt werden können (Mt 10; Mk 3; Lk 6; Apg 1) waren der Grund unterschiedlicher Darstellung der symbolischen 12.

S BAR
LOMEVS
ADO
RAM
VS
TE

ABBILDUNG 13

ABBILDUNG 14

ABBILDUNG 15

In unserem Mosaik, erfolgt die christologische Hermeneutik der Komposition über die Ikonisierung der 4 "Zeugen" Christi im oberen Bereich, die 12 Aufgezählten des unteren Bereichs sind 9 des ursprünglichen Apostelkollegs: Jakob Zebedäus, sein Bruder Johannes der Evangelist, Bartholomäus-Natanaël, Philipp, Thomas-Dydimus, Matthäus der Evangelist, Simon der Zelot, Jakob, Judas-Thaddäus, und mit ihnen 3 "Überzählige": Matthias, der Markus der Evangelisten ersetzt, und Barnabas, an den die Kirche immer und überall als Apostel im eigenen Sinn erinnert haben.

Im unteren Bereich, stehen links und rechts von der Etimasia im Garten und unter den Palmen zwei Engel, die die "Engelshymne" anstimmen mit je sechs Aposteln, die sie fortführen. Dass die Hymne von den Engeln angestimmt wird, ist an sich klar, dass sie die Apostel fortführen, muss erklärt werden, ist aber an sich schon erklärend. Eine lange und weitverbreitete Tradition hat den Zwölf die Formulierung der zwölf Artikel des Glaubensbekenntnisses zugeschrieben, das eben "apostolisch" genannt wird. Im XVII. Jh. hat sie jemand akkurat gesammelt und organisch wieder dargestellt[6]; unvermeidbar war es da, dass er gewisse Künstlichkeit in der Übereinstimmung des Sinnes jenes oder des anderen Glaubensartikels mit dem von diesem oder jenem Apostel übertragenen Wesen zusammengetragen hat, aber doch sinnvoll, um den Sinn des Symbols illustrieren zu können. Seinerseits wird der Ausformer unserer Ikonologie analog vorangeschritten sein, da die Ordnung absichtlich mit der "Entsprechung" zwischen dem Wesen eines jeden Apostels und der Textsequenz der Hymne erscheint. Jetzt, wo die Techniken der Kodifizierung und Dekodifizierung sich öffnen, kann unsere Hermeneutik daraus schöpfen, ohne dabei auf die Neugier zu verzichten, im Gegenteil diese sogar erhöhend.

Die beiden weiß gekleideten, geflügelten Engel, die das erste Kommen des Erlösers besingen, zeigen auf den Thron für sein zweites Kommen; und legen damit den räumlich-zeitlichen Rhythmus der Heilsgeschichte und den eschatologischen Raum ders Garten Eden mit den 12 Bäumen fest. Die unvorsichtigen Mosaizisten des 19. Jh. haben einen Ansatz einer 13. und 14. Pflanze an der rechten und linken Seite der Apostelsequenz eingefügt.

Der Engel links von der Etimasia *(Abbildung 14)* trägt auf der Schriftrolle die Worte: *Gloria* [excelsis] *Deo* (Lk 2,14a: "Verherrlicht ist Gott in der Höhe"). Der Engel rechts *(Abbildung. 15)*: *Et in terra pax hominibus bonae voluntatis* (Lk 2,14b: "Und auf Erden ist Friede bei den Menschen seiner Gnade"). Weder der Eine noch der Andere sind benannt, es wird also der patristischen Exegese, der der Kirchenväter und der wissenschaftlichen des

Lukas-Evangeliums nichts hinzugefügt. Neben dem zweiten Engel steht aber keine Palme, Lebensbaum, sondern ein Pomeranzenbaum, Baum der Erkenntnis des Guten und des Bösen. Die Mosaizisten weichen damit vom Bild des Apfels ab, der im ersten Jahrzehnt des XIII. Jh. in der Kuppel des *Hexamerons* im Narthex der Markus-Basilika in Venedig ausgeführt wird und nähern sich wieder dem Beispiel des Pomeranzenbaums mit seinen verführerischen goldenen Früchten, der in den 40er und 80er Jahren des XII. Jh. auf den Wänden des Schiffes der Palatinischen Kappelle San Pietro in Palermo und in der Klosterbasilika Santa Maria Nuova in Monreale ausgeführt worden war (in Sankt Paul vor den Mauern in Rom arbeiten also nur aus Venedig stammende Mosaizisten?).

Der Chor der Zwölf im unteren Bereich führt den ersten und zweiten Teil der großen Doxologie *a "quattuor"* aus, da in einem ein Evangelist vertreten ist - Lukas, Autor der Anrufung, steht im "*quattuor*" des oberen Bereiches. Die doxologischen Ausrufungen des ersten Teils: Jakob (der Ältere), Johannes (Evangelist), Bartholomäus, Philipp, Thomas, Matthäus (Evangelist), Simon, Jakob (der Jüngere); das Flehen der Litanei in zweiten Teil, Matthias, Judas, Markus (Evangelist) Barnabas. Jede Bewegung der vier Evangelisten der Auferstehung steht für ein anderes Osterverhalten in der Existenz der von Gott geliebten Menschen, die von ihm zur Kommunion mit dem Christus berufen werden.

Jeder Apostel bringt seine Schriftrolle ein, so wie die beiden den Gesang anstimmenden Engel, links und rechts des sitzenden Christus und seiner Etimasia, entsprechend des Brauchs und der Verbreitung durch die Gregorianischen Gesänge.

Jakob

Laudamus Te (Wir loben dich) *(Abbildung 16)*

ABBILDUNG 16

Die erste Ausrufung ist Jakob Zebedäus anvertraut, gemeinsam mit seinem Bruder Johannes und mit Petrus bevorzugter Zeuge Jesu. Ihnen behielt der Herr das Recht vor, an der Heilung der Schwiegermutter Simons anwesend zu sein (Mk 1,29), an der Auferstehung der Tochter von Jairus (Mk 5,37), an der glorreichen Verklärung (Mt 17,1) und der Agonie (Mt 26,37), und er war der erste unter Aposteln, der dem Auferstandenen mit seinem Blut Zeugnis ablegte (Apg 12,2).

Aber das Mosaik zeichnet kurioserweise den "Lobgesang", Beginn der Hymne der Menschen als Echo auf die Hymne der Engel; der *titulus*, (die Bezeichnung), des Apostals, auf seine Weise "erster Zeuge" *Sanctus Iacobus*, (Hl. Jakob) ist in zwei vertikalen Zeilen von rechts nach links geschrieben und sogar mit der spiegelgleichen Umkehrung der Buchstaben der rechten Seite:

BUS|Ƨ IAƆO . Das Mosaik versteht die Hymne der Menschen in der großen Doxologie als “Lobgesang”, spiegelgleiche Antwort auf die Engel, als Päsenz bei den Mysterien und Ereignissen, an denen uns Christus, der Herr, Zeuge werden lässt.

Von dieser “Präsenz” zeugen wir, indem wir mit unserer Existenz jenes “Loblied” singen, von dem David spricht: “Immer sei sein Lob in meinem Mund” (Ps 33 ,2) ebenso in den Psalmen: “Mein Mund ist erfüllt von deinem Lob, von deinem Reichtum den ganzen Tag” (Ps 70 ,8); “In festlichem Glanz sollen die Frommen frohlocken... Loblieder auf Gott in ihrem Mund” (Ps 149,5-6); und Paulus: “Dann werdet ihr rein und ohne Tadel sein für den Tag Christi, reich an der Frucht der Gerechtigkeit, die Jesus Christus gibt, zur Ehre und zum Lob Gottes” (Phil 1,10-11).

Johannes

Benedicimus Te (Wir segnen dich) *(Abbildung 17)*

ABBILDUNG 17

Die Antwort ist die von Johannes, gemeinsam mit seinem Bruder Jakob und Petrus ein weiterer bevorzugter Zeuge. Unser “Segen” ist ihm anvertraut, der nicht nur in seinem Evangelium (Joh 12,13) auf der Wiederaufnahme des Segens aus dem *Hallel* bestanden hat, “Gesegnet sei der, der kommt im Namen des Herren” ausgesprochen von den drei synoptischen Evangelisten (Ps 117,26; Mt 21,9; Mk 11,9; Lk 19,38: “Gesegnet sei der König, der kommt im Namen des Herren! Im Himmel Friede[7] und Herrlichkeit in der Höhe!”); aber außerdem hat er den Gesang in seiner Vision fortgesetzt (Apg 4,8) bis zum “Erscheinen” Gottes, des Pantokrators und des siegreichen Opferlammes: “Als jene Lebenden dem, der auf dem Thron sitzt und der ewig lebt, huldigten und ihn anbeteten, fielen die 24 Weisen vor ihm nieder und beteten den an, der ewig lebt...

Sie sagten mit fester Stimme:
> ‘Das Lamm, das geopfert wurde, ist würdig
> an Kraft, Wissensreichtum und Stärke
> an Ehre, Herrlichkeit und Segen’.

Und ein jedes Geschöpf im Himmel und auf Erden und unter der Erde und im Meer und alles, was darin war, hörte wie sie sagten:
> ‘Dem, der auf dem Thron sitzt und dem Lamm
> sei Segen und Ehre und Herrlichkeit uns Stärke
> von Ewigkeit zu Ewigkeit!’” (Paulus 4,9; 5,13).

Die Mosaikikone versteht unseren Segen auf das Lamm gerichtet, das im Namen des Herren gekommen ist, der, auferstanden, als Sieger zurückkehrt. Ein Segen, der zu ihm hinaufsteigt in Erwartung seines Segens, der zu uns herabsteigt, um uns “das Reich zu bringen, das vor dem Anbeginn der Welt geschaffen wor-

SPHY
LIPP9
CLO
RIF
ICA
MS
TE

den war" denjenigen "deren Namen im Buch des Lebens des Lammes steht, das seit dem Beginn der Erde geopfert wurde" (Paulus 13,8).

ABBILDUNG 18

BARTHOLOMÄUS

Adoramus Te (Wir beten dich an) *(Abbildung 18)*

Identifiziert mit Natanaël, ist Bartholomäus der Apostel, der von Philipp zu Jesus geführt wird und den der Messias mit dem Lob empfängt: "Da kommt ein echter Israelit, ein Mann ohne Falschheit" (Joh 1,48). Beginnend mit perplexer Hoffnung (Joh 1,46) endet er mit erklärtem Glauben: "Du bist der Sohn Gottes, du bist der König von Israel!"(Joh 1,49). Da sagte Jesus zu ihm: "Ihr werdet den Himmel geöffnet und die Engel Gottes auf- und niedersteigen sehen über dem Menschensohn" (Joh 1,51). In den apokryphen Schriften von Bartholomäus wird erzählt, dass in Bosra, einer Stadt in Celesiria, er einen jungen Mann hat auferstehen lassen, der zur Beerdigung getragen wurde: Eine Feuerzunge kam aus seinem Mund heraus und drang in den Mund des jungen Mannes ein und gab ihm das Leben wieder. Alle waren verblüfft, und hielten ihn für einen Gott, dem man Opfer bringen mußte (das Schema von Paulus 14,8-18); aber der Apostel predigte das Evangelium Jesu und bekehrte sie zur Anbetung des Sohnes Gottes, der zum Menschen geworden, gestorben und auferstanden war [8].

So zeigt die Ikone die Anbetung in unserer Hymne, angefangen bei den Engeln, die über dem geborenen Erlöser auf- und abstiegen (Lk 2,9-15) gewandt an ihn, zu dem wir uns als "Sohn Gottes" wirklich bekennen und der sich uns in Glauben und Hoffnung offenbart als "Menschensohn", der gestorben und auferstanden ist.

ABBILDUNG 19

PHILIPP

Glorificamus Te (Wir verherrlichen dich) *(Abbildung 19)*

Die doxologischen Ausrufungen von "Lob, Segen, Anbetung" gehen zu Ende mit der doxologischen Ausrufung des "Gloria": eine verdoppelnde Ausrufung, eine Art der Erleuchtung aus dem Inneren der Hymne.

Diese ist dem Apostel der Vision anvertratut, da Philipp, von der ersten Berufung bis zur letzten liebevollen Offenbarung der Jünger der Vision ist. Die erste Berufung ("am Tag danach" die Berufung von Andreas und seinem Bruder Simon Petrus): "Jesus traf Philipp und sagte ihm: Folge mir nach!" (Joh 1,43); Philipp antwortet Jesus mit keinem Wort, aber dann sehen wir den Apostel, der dem Meister folgt, weil "Philipp ihn traf und ihm sagte: Wir haben den gefunden, über den Mose im Gesetz und auch die Propheten geschrieben haben: Jesus aus Nazaret, den Sohn Josefs. Natanaël rief aus: "Aus Nazaret? Kann von dort etwas Gutes kommen? Philipp antwortete: Komm und sieh!" (Joh 1,45-46). Jesus "sieht" Natanaël auf ihn zukommen (Joh 1,47) und versetzt ihn in Erstaunen, indem er ihm sagt, ihn unter dem Feigenbaum "gesehen" zu haben (Joh 1,48-50) und sagt vor Natanaël, der zuhört und vor Philipp, der "sieht": "Ihr werdet den Himmel geöffnet und Engel Gottes auf- und niedersteigen sehen über dem Menschensohn" (Joh 1,51).

Die letzte Offenbarung (bei Tisch mit ihnen): "Philipp sagte ihm: Herr, zeig uns den Vater; das genügt uns. Jesus antwortet ihm: Schon so lange bin ich bei euch, Philipp, und du hat micht nicht erkannt? Wer mich gesehen hat, hat den Vater gesehen!" (Joh 14,8-9). Von der Berufung, der Philipp folgt, indem er sagt, den zu sehen "über den Mose und die Propheten geschrieben haben" bis zur Offenbarung, damit er bis zur extremen Schlußfolgerung zu dem überlegt, der "seit so langer Zeit" gesehen hat, geschieht ihm dasselbe wir den Jüngern in Emmaus: "einige von unseren Frauen waren am Grab... sie erzählten uns, ihnen seien Engel erschienen, die gesagt haben, er lebe. Einige von uns gingen zum Grab, ihn selbst aber sahen sie nicht... Ausgehend von Mose und allen Propheten legte er ihnen dar, was in der gesamten Schrift über ihn geschrieben war... Als er mit ihnen bei Tisch war, nahm er das Brot, sprach den Lobpreis, brach es und gab es ihnen. Da gingen ihnen die Augen auf... dann sahen sie ihn nicht mehr" (Lk 24,22-31).

Von der ersten Berufung bis zur letzten Offenbarung, übt Philipp auch das apostolische Amt der Vision aus: "Die Volksmenge, die sich zum Fest eingefunden hatte, hörte, dass Jesus nach Jerusalem kam, nahm Palmzweige und zog hinaus, um ihn zu empfangen, und rief: Hosanna! Gesegnet sei er, der kommt im Namen des Herrn, der König Israels!... Auch einige Griechen waren anwesend; sie gehörten zu den Pilgern, die beim Fest Gott anbeten wollten. Sie traten an Philipp heran und sagten zu ihm: Wir möchten Jesus sehen!... Jesus aber antwortete ihnen: Nur noch kurze Zeit ist das Licht bei euch. Geht euren Weg, solange ihr das Licht habt. Solange ihr das Licht bei euch habt, glaubt an das Licht, damit ihr Söhne des Lichts werdet!" (Joh 12,12-36). Der Schriftband mit der wiederholenden doxologischen Ausrufung in der Hand des Apostels der Vision erinnert mich an den Brauch des byzantinischen Ritus, der den Gesang des *Gloria* mit dem Gesang einer proleptischen Ausrufung einführt, die ebenfalls wiederholend ist: *Doxa soi to deixanti phos*, (Ehre sei dir, der du uns das Licht gezeigt hast). Gloria als Licht, Licht als Vision; so "erleuchtet" sich unsere Hymne.

Thomas

ABBILDUNG 20

Gratias agimus tibi propter magnam gloriam tuam (Wir danken dir für deinen unendliche Herrlichkeit) *(Abbildung 20)*

Die bis hier angeführte Gloria ist das Motiv einer "Ehrerbietung", die unser Hymne mit der gesamten Heilsgeschichte füllt; *eucharistoumen dia ten megalen sou doxan*, (da deine Ehre unermeßlich ist, danken wir dir).

Das führt uns dazu, diese Ausrufung Thomas zuzuschreiben. Der für seine "Ungläubigkeit" der Auferstehung Christi bekannte Apostel ist ebenso bestimmt von seiner leidenschaftlichen Teilnahme im Risiko der Auferstehung des Lazarus: "Jesus sagte: Diese Krankheit wird nicht zum Tod führen, sondern dient der Verherrlichung Gottes. Durch sie soll der Sohn Gottes verherrlicht werden. Denn Jesus liebte Marta, ihre Schwester und Lazarus. Als er hörte, dass Lazarus krank war, blieb er noch zwei Tage an dem Ort, wo er sich aufhielt. Danach sagte er zu den Jüngern: Laßt uns wieder nach Judäa gehen. Die Jünger entgegneten ihm: Rabbi, eben noch wollten dich die Juden steinigen, und du gehst wieder dorthin?... Da sagte Thomas, genannt Didymus zu den anderen Jüngern: Dann laßt uns mit ihm gehen, um mit ihm zu sterben... Jesus sagte: Vater, ich danke dir, dass du mich erhört hast. Ich wußte, dass du mich immer erhörst; aber wegen der Menge, die um mich herum steht, habe ich es gesagt; denn sie sollen glauben, dass du mich gesandt hast..." (Joh 11,4-42).

Die Auferstehung des Freundes ist die Art der Auferstehung der Vielen, die er mit seinem Tod errettet; Thomas war bereit, mit Jesus für die Verherrlichung des Sohnes Gottes in der Auferstehung, die dieser bewirkte, zu sterben. Und würde nicht auch unser Dank für seine unendliche Herrlichkeit, das Drama der Zeit zwischen dem Fehlen und der Präsenz des Auferstandenen bewegen? (Joh 20,24-29).

Matthäus

ABBILDUNG 21

Domine Deus Rex coelestis (Herr, König des Himmels, Gott) *(Abbildung 21)*

Der Hagiograph der ersten synoptischen Evangelien hat im oberen Bereich den entscheidenden Text für das Evangeliar Christi in Gloria und das Schriftband des Petrus angebracht; im unteren Bereich greift er ein weiteres Mal entschieden ein.

Der Evangelist Matthäus beschriebt das zweite Kommen des Gottessohnes nicht nur, indem er sein "Reich" nennt, das Erbe seiner Heiligen, aber auch indem er des Herrn Christus "König" nennt: "Wenn der Menschensohn in seiner Herrlichkeit kommt...

dann wird er sich auf den Thron seiner Herrlichkeit setzen. Dann wird der König sagen...: Kommt her, die ihr von meinem Vater gesegnet seid, nehmt das Reich in Besitz, das seit der Erschaffung der Welt für euch bestimmt ist" (Mt 25,31-34). Er hat das erste Kommen des Menschensohnes beschrieben und dazu sowohl die königliche "Verurteilung" durch Herodes wie auch die "glorreiche" Anerkennung von Anbetern anderer Völker beschrieben: "Jesus wurde zur Zeit des König Herodes in Bethlehem in Judäa geboren.

Einige Sterndeuter kamen aus dem Osten nach Jerusalem und fragten: "Wo ist der neugeborene König der Juden? Wir haben seinen Stern aufgehen sehen und sind gekommen, um ihm zu huldigen.... Sie sahen das Kind und Maria, seine Mutter; sie fielen nieder und huldigten ihm. Dann holten sie ihre Schätze hervor und brachten ihm Gold, Weihrauch und Myrrhe als Gaben dar..." (Mt 2,1-2.11). Die Wahl des Apostels Matthäus für den Titel *Rex coelestis* für den "Herrn", dessen "unermeßliche Glorie" wir im 4. Vers des *Gloria* besingen - "Herr Gott, König des Himmels / Gott Allmächtiger Vater" - ist die Verkündigung einer solchen entscheidenden Entschlossenheit.

Simon

Deus Pater Omnipotens (Gott Allmächtiger Vater) *(Abbildung 22)*

ABBILDUNG 22

Wenn man den Bezug auf: "Herr Gott, König des Himmels" mit dem gleichzeitigen: "Gott allmächtiger Vater" ausschließen möchte und es dagegen mit dem nachfolgenden: "Herr, eingeborener Sohn, Jesus "Christus", für die Festlegung der "Du" verbinden möchten, dessen "unermeßliche Glorie" wir besingen, dann ist es notwendig, den Rest des Ausschnitts fast in Klammern anzuführen.

Der Mosaizist hat die Verantwortung übernommen, dies mit zwei mehr oder weniger plausiblen Formen zu tun, nämlich indem er - einmalig in der gesamten Sequenz - den Vers ausschneidet und die erste Häfte dem Evangelisten anvertraut, den wir gesehen haben, die zweite "zu verdunkelnde" Hälfte dem Apostel Simon, an dem alles dunkel ist. Er wird allerdings "der Zelot" genannt; man könnte also denken, dass er von der Sekte der *"Eiferer"* (dies in lezteter Analyse der Sinn des Wortes) zur Nachfolge Jesu gekommen ist, die "verzweifelt kämpften und wie Fanatiker für die politische Freiheit starben, die sie um jeden Preis weidererlangen wollten, überzeugt, dass nur Gott ihr Führer und ihr König ist" [9].

ABBILDUNG 23

Jakob

Domine Fili Unigenite Jesu Christe (Herr, eingeborener Sohn, Jesus Christus) *(Abbildung 23)*

Die christologische Entsprechung des Titels "König des Himmels": *Fili Unigenite*, ist Jakob anvertraut, "dem Bruder des Herren" (Gal 1,19; Mt 13,55). Ihm erscheint der auferstandene Christus bevor er allen Aposteln gemeinsam erscheint (1 Kor 15,7). Er "leitete" die Gemeinde von Jerusalem (Apg 12, 17). Petrus, Johannes und er wurden als "Säulen betrachtet" (Gal 2,9). Man hat ihn mit dem Autor des Briefes verglichen, in dem steht "Jakob, Knecht Gottes und des Herren Jesus Christus, an die zwölf Stämme, die in der Zerstreung leben" (Jak 1,1).

Wahrscheinlich wegen seiner berühmten Würde, für sein grundlegendes Amt in der Mutterkirche von Jerusalem, wegen der besonderen Erscheinung des Auferstandenen und seine Wahrnehmung des Kommens des Herren; sicherlich wegen seiner Blutsverwandtschaft mit dem eingeborenen Sohn Gottes; schließt er den ersten Teil der Hymne ab.

ABBILDUNG 24

Matthias

Domine Deus, Agnus Dei Filius Patris (Herr Gott, Lamm Gottes, Sohn des Vaters) *(Abbildung 24)*

Die Litanei ist an das Lamm gewandt - mit dem Widerhall, den das Lamm hat, von der *Genesis* bis zum *Exodus*, von Johannes dem Täufer bis zu Johannes dem Evangelist, vom *1. Petrusbrief* zur *Apokalypse* - dem von den Elf ausgewählten Apostel ist die anfängliche Anrufung anvertraut, bestimmt durch zwei Anrufungen, von denen eine wie in einer Litanei wiederholt wird: *Qui tollis peccata mundi* (Du nimmst die Sünden von der Welt) und einer abschließenden: *Qui sedes ad dexteram Patris* (Du sitzt zur Rechten des Vaters) sowie von zwei Anrufungen, von denen eine wie in einer Litanei wiederholt wird: *miserere nobis* und einer in der Mitte: *suscipe deprecationem nostram* (erhöre unser Flehen). Die anfängliche Anrufung nennt Gott, das Lamm Gottes, Sohn des Vaters, den "Herrn", *Kyrie*.

Der Mosaizist hat darum sogar Matthias, den hinzugekommenen Apostel, dem Judas Thaddäus, Apostel der urspünglichen Gruppe der Zwölf vorweggnommen, da er begriffen hatte, dass eine solche Anrufung eben der Qualifizierung des Matthias entspricht. Diese ist auf ihre Weise eine Vervollständigung der Theophanie im Jordan mit der Aufnahme der Menschheit im Himmel; Petrus sagt nämlich den Brüdern und legt damit die Zuwahl in der Jüngerversammlung fest: "...einer von denen, die

S THO
MAS
GRA
S·AG
IMV
STI
BI.P
M
G.T

die ganze Zeit mit uns zusammen waren, als Jesus, der Herr, bei uns ein und aus ging, angefangen von der Taufe durch Johannes bis zu dem Tag an dem er im Himmel aufgenommen wurde, einer von diesen muss nun zusammen mit uns Zeuge seiner Auferstehung sein" (Apg 1,21-22). Unser Flehen in der Hymne ist eine Gedächtnislitanei des *descensus-ascensus* (Auf- und Herabsteigen) Christi, des Erlösers.

ABBILDUNG 25

THADDÄUS

Qui tollis peccata mundi miserere nobis (Du, der Du die Sünden von der Welt nimmst, erbarme Dich unser) *(Abbildung 25)*

"Judas, nicht der Judas Iskariot, fragte ihn: Herr, warum willst du dich nur uns offenbaren und nicht der Welt? Jesus antwortete ihm: Wenn jemand mich liebt, wird er an meinem Wort festhalten; mein Vater wird ihn lieben und wir werden zu ihm kommen und bei ihm wohnen" (Joh 14,22-23).

Die Frage des Apostels Judas Thaddäus an den Meister wendet unser Flehen an die Betrachtung der Gnade des Lammes "das die Sünden von der Welt nimmt" einfach als die Liebe Gottes, die in uns wohnt; und Gnade wird jedem zuteil "der mich liebt und an meinem Wort festhält", jedem also, der ihm ohne Vorbehalt als Jünger folgt.

ABBILDUNG 26

MARKUS

Qui tollis peccata mundi suscipe deprecationem nostram (Du, der Du die Sünden von der Welt nimmst, erhöre unser Flehen) *(Abbildung 26)*

Vom Lamm, das "die Sünden von der Welt nimmt" fordert die Litanei auch: "erhöre unser Flehen", und wiederholt diesmal das Flehen selbst.

Diese für das Litaneigebet typische Insistenz kommt einem Jünger und Evangelist zu, den der Apostel Petrus sehr liebte: "Markus, mein Sohn" (1 Petr 5,13) - "der Vetter des Barnabas" (Kol 4,10) - Mir scheint, dass seine Wahl durch jenen späten apokryphen Text beeinflußt worden ist, der lediglich in den 60er Jahren des XX. Jh. nach einem Athos-Berg-Ms. beeinflußt worden ist, die in derselben Zeit kopiert wurde, in der die venezianischen Mosaizisten in der römischen Basilika arbeiteten - es sind die späten "Taten, Wunder und das Martyrium des heiligen und sehr frommen Apostels und Evangelisten Markus", die damals an der Adriaküste verbreitet waren. In ihnen wird erzählt, dass Markus erst der Jünger Johannes des Täufers, und dann von Jesus war.

Die Perikope zu den Vorbereitungen des letzten Abendmahls ist autobiografisch: "Geht in die Stadt; dort wird euch ein Mann begegnen, der einen Wasserkrug trägt. Folgt ihm, bis er in ein

Haus hineingeht; dann sagt zu dem Herrn des Hauses: Der Meister läßt dich fragen: Wo ist der Raum, in dem ich mit meinen Jüngern das Paschalamm essen kann?"(Mk 14,13-14); der Man, der das "Zeichen" für den Ort, an dem das Osterlamm vorbereitet wurde, war eben Markus. Er evangelisierte Antiochien, Seleucia, Caesarea, "zuerst mit Barnabas, dann mit Paulus und schließlich mit Petrus, den er nach Rom begleitete, wo er das zweite Evangelium schrieb. Aus Rom schickte ihn Petrus nach Alexandria in Ägypten. Er reiste ab und vollbrachte viele Wundertaten, er, der er soeben geschrieben hatte: "Jesus sagte ihnen (den Elf): Geht hinaus in die ganze Welt, und verkündet das Evangelium allen Geschöpfen. Wer glaubt und sich taufen läßt, wird gerettet; wer aber nicht glaubt, wird verdammt werden. Und durch die, die zum Glauben gekommen sind, werden folgende Zeichen geschehen: sie werden den Kranken die Hände auflegen und sie heilen... Sie aber zogen aus und predigten überall. Der Herr stand ihnen bei und bekräftigte die Verkündigung durch die Zeichen, die er geschehen ließ" (Mk 16,15-20). Im neunten Jahr erschien ihm der Herr, um ihm das Martyrium während des Passahfestes anzukündigen: er wurde am 25. April im Alter von 57 Jahren gefoltert und getötet[10]. Die Legende zeigt seine Einbeziehung als Zeichen in das Mahl des Lamm und die Taumaturgie seiner Bitte um die Wundertaten zur Bestätigung seines Evangeliums[11].

Zu unserer Litanei paßt die Übereisntimmung der Ausrufung mit den Bestimmungen des Markus; ebenso paßt hierzu die Symphonie der Anrufung seiner taumaturgischen Erzählung Jesu, der Wunden und Leiden heilt.

Barnabas

Qui sedes ad dexteram Patris miserere nobis (Du, der du zur Rechten des Vaters sitzt, erbarme Dich unser) *(Abbildung 27)*

ABBILDUNG 27

Die Anrufung der Barmherzigkeit wird jetzt in der Litanei zur definitiven Insistenz und die Anrufung entspircht hier der definitiven Ankunft des "Auf- und Niedersteigens" Christi als Erlöser der Menschheit. Sie ist Barnabas anvertraut, der Paulus außergewöhnlich nahe steht, diese Ausrufung und diese Anrufung fassen unser Bekenntnis als christliche Nachfolger zusammen.

"Die Gemeinde von Jerusalem schickte Barnabas nach Antiochia. Als er ankam und die Gnade Gottes sah, freute er sich und ermahnte alle, dem Herrn treu zu bleiben, wie sie es sich vorgenommen hatten. Denn er war ein trefflicher Mann, erfüllt vom Heiligen Geist und von Glauben.... Barnabas zog nach Tarsus, um Saulus aufzusuchen. Er fand ihn und nahm ihn nach Antiochia mit. Dort wirkten sie miteinander ein volles Jahr in der Gemeinde und unterrichteten eine große Zahl von Menschen. In Antiochia nannte man die Jünger zum erstenmal Christen" (Apg 11, 22-26). "Söhne der Aufforderung" zu sein, die Gnade des Herrn sehen und sich daran freuen, fähige Menschen zu sein, weil man erfüllt ist vom Heiligen Geist und vom Glauben: dann wird man wirklich und tatsächlich "Christ genannt", während man darauf wartet, dass der Erlöser, der zu Rechten des Vaters sitzt, zurückkehrt.

Es darf nicht allzu sehr verwundern, dass die große Doxologie der Paulsbasilika abschließt und dabei völlig den dritten Teil der Hymne ausläßt. Sehen wir erneut den Blick von Paul VI. mit den "verzückten und verstörten Augen " vor der von uns betrachteten Apsis: "...Christus, der mächtig der Versammlung in der Basilika vorsitzt, das heißt der Kirche " (29.9.1963). Zu Recht geht Papst Paul VI. von der Apsis in die Aula der Basilika über und sieht "die Kirche" in der versammelten Gemeinde im Beisein Jesu Christi "strahlend" dort oben, "im herrlichen Mosaik". Ein Übergang von der liturgischen Ikone und der Anrufung des Heiligen Geistes, der so heikel in der "Aufführung", also in der Umsetzung der Präsenzen wie tugendhaft in der Sakramentalität der Mysteriums ist.

Die große Doxologie ikonisch von der Litanei zum *Amen* zu führen, ist dem Ritus der Gemeinde anvertraut. Wenn es immer die im Heiligen Geist versammelte Kirche ist, die die Hymne singt, dann erkennt das Mosaik der Paulsbasilika dieser Gemeinde die Ikonisierung der Begriffe an. Eine Art spiegelgleichen, ästhetisch-poietischen Austausches: die Gemeinde fühlt uns sieht sich in der Ikone vertreten, die Ikone umfaßt die Anwesenheit der Gemeinde.

S. MAT
HEVS
DNE
DEVS
REX
CELE
STIS

S SI MON
DE P ATE ROM MIP OTE MS.

Prefacio

Desde siglos, el himno *Gloria in excelsis Deo* se encuentra presente en la celebración festiva de la Eucaristía. Numerosos músicos y pintores de cada época han cantado su belleza.

Con este libro editado en cinco idiomas, Mons. Crispino Valenziano[1] nos ofrece un incisivo comentario a tal himno, espléndidamente figurado en el mosaico de la cuenca absidal de la Patriarcal Basílica de San Pablo Extramuros, que puede considerarse una de las páginas más bellas de la "Biblia de los pobres" (*Biblia pauperum*), esto es figuraciones artísticas, que antes de la invención de la imprenta eran la única ayuda donde las personas sin instrucción podía "leer", contemplar y meditar las diversas etapas de la historia de la salvación.

Los antiguos Padres de la Iglesia han puesto en evidencia la importancia de la imagen, sea para ilustrar las verdades de la fe o para mostrar el comportamiento ejemplar de los Santos. A este propósito San Juan Damasceno (675-754) afirma: "Aquello que la Biblia es para la persona con instrucción, lo es la imagen para los analfabetos; aquello que es la palabra para el oído, lo es la imagen para la vista"[2].

Para la Iglesia, las imágenes no sólo tienen la finalidad de instruir, sino también la de poder ofrecer una preciosa orientación de vida marcada por el Evangelio, como observa San Gregorio Magno (540-604): "Aquello que la escritura es para los lectores, lo es la imagen a los ojos de quienes no han sido instruidos, porque en ella hasta los ignorantes *ven* aquello que deben *imitar*[3] .

En nuestro caso, el mosaico que ilustra el himno *Gloria in excelsis Deo* no es una simple catequesis, sino una "catequesis mistagógica": o sea, la Iglesia, siguiendo un uso ampliamente consolidado y fuertemente eficaz en la tradición de Oriente y de Occidente, ofrece "el Himno de los ángeles y de los hombres" en una fusión admirable con la celebración litúrgica.

De ahí la finalidad de esta publicación: ayudar a "leer" el mosaico absidal de la Patriarcal Basílica de San Pablo para poder más fácilmente "vivir" su mensaje, participando activamente a la Liturgia eucarística y para alargar en la vida el canto de alabanza: "Gloria a Dios en lo más alto del cielo".

+ Francesco Gioia, Arzobispo
Administrador Pontificio
de la Patriarcal
Basílica de San Pablo

Roma a 29 de junio de 2003, Solemnidad de los Santos Apóstoles Pedro y Pablo

S IACO BVS
DNE
FILI
VNI
GENI
ITE
I.X.

El mosaico del ábside de San Pablo Extramuros

El mosaico del ábside de San Pablo Extramuros, que domina la basílica paulina de la via Ostiense es, en su género, una propuesta originalísima del himno bíblico – litúrgico *Gloria in excelsis Deo* (Gloria a Dios en el cielo), la llamada "gran doxología", el grandísimo himno de alabanza que, desde siglos, se canta en la celebración eucarística[4]. La tradición siguiente es aquella que intenta de acercarse lo mejor posible a la redacción más autentica:

"Gloria a Dios en el cielo
y en la tierra paz a los hombres
que ama el Señor.
Por tu inmensa gloria
te alabamos,
te bendecimos,
te adoramos,
te glorificamos,
te damos gracias.
Señor Dios, Rey celestial
Dios Padre todopoderoso.
Señor, Hijo único, Jesucristo,
Señor Dios, Cordero de Dios,
Hijo del Padre:
tú que quitas el pecado del mundo,
ten piedad de nosotros;
tú que quitas el pecado del mundo,
atiende nuestra súplica;
tú que estás sentado a la derecha del Padre,
ten piedad de nosotros:
porque sólo tú eres Santo,
sólo tú Señor,
sólo tú Altísimo, Jesucristo,
con el Espíritu Santo
en la gloria de Dios Padre.
Amén".

Allá arriba, alrededor de 16 o 18 metros de altura, resplandece como una cuenca de oro que abraza todos los 24 metros de largo, situados delante del altar de la confesión apostólica (*Tabla 1*). A los historiadores les gustaría saber más; nosotros recogemos aquella

TABLA 1

TAVOLA · TABLE · ILLUSTRATION · ABBILDUNG · TABLA **23**

que la tradición del monasterio benedictino, junto a la basílica, nos ha dejado como noticia, que basta para nuestra lectura.

Es probable que una teofanía absidal iluminase la *domus* del Apóstol desde la construcción post costantina, obra del arquitecto Ciriade, ordenada por los emperadores Teodosio, Arcadio y Valentiniano en el año 386, dedicada por el papa Siricio en el 390. Con un restauró después de otro, fue León Magno (440-461) quien reconstruye el techo caído a causa de un relámpago y quien hizo poner mosaico en el arco triunfal, que ha llegado hasta nosotros; fue Símaco (498-514) quien restaura el ábside; León II (795-816) quien tuvo que reparar los daños del terremoto del 801; Gregorio VII (1073-1085) quien pudo acrecentar la belleza del edificio y del culto, como abad del cenobio monástico, como arcediano y como obispo de la Iglesia romana. Es cierto que durante el pontificado de Inocencio III (1198-1216) se rehace, en la cuenca abisal, la composición que ha llegado hasta nosotros y que en el 1218, Honorio III pide a Doge di Venezia dos artífices para sumarlos a los que trabajaban en los mosaicos, que ya estaban realizando la obra. Una restauración hecha por el "celador" del monasterio, que se llamaba Inocencio di Ca' de Bruni, que no vino como se esperaba, dio origen, en el 1566, al progresivo degrado del mosaico. Benedicto XIII (1724-1730) se esforzó en la corrección de aquellos desafortunados trabajos; Clemente XII (1730-1740) los prosiguió y los interrumpió; Benedicto XIV (1740-1755) los llevó a cabo con daños ulteriores; de este último trabajo se sacaron el conjunto de siete partes, que se rehicieron totalmente; entre ellas se encuentra la cabeza de San Pedro, actualmente colocada en las paredes, que están junto a la sacristía (*Tabla 2*).

TABLA 2

El desastroso incendio de 1823 no lesionó la obra, sino quien lo hizo fueron las técnicas usadas durante el Ochocientos, que hicieron un restauro sin escrúpulos de conservación, de manera que toda la superficie fue satinada con ceniza a fin de que recordase los tonos de color preexistentes.

TABLA 3

Leamos la composición musiva partiendo del centro hasta afuera.

Al centro (*Tabla 3*) IC+XC, Jesucristo Juez en su trono parusíaco, o sea al momento de su venida final, que con la derecha bendice a los elegidos y con la izquierda abre su Evangelio para promulgar el juicio: *Venite Benedicti Patris Miei / Percipite Regnum Quod Vobis Paratum Est Ante Originem Mundi* (Mt. 25,34: "Venid, benditos de mi Padre, a poseer el reino que ha sido preparado para vosotros desde el origen del mundo"). Habla Cristo Rey de la gloria, el Hijo sempiterno del Padre, que ha venido como juez desde la derecha de Dios. Hacia Él todos y todo convergen.

TABLA 4

A su pie derecho (*Tabla 4*), Honorio III (1216-1227) que fue el papa que compuso el mosaico medieval. Es la imagen a la que, inolvidablemente se refirió el papa Pablo VI en su primera alocución a los obispos durante el Vaticano II, el 29 de septiembre de 1963: "Se presenta delante de nuestros ojos ateridos el mismo Jesús, refulgente de majestad, tanta como aparece en el *Pantokrator* de vuestras basílicas, venerables hermanos de las iglesias de Oriente y de las de Occidente. Y Nos mismo nos vemos en la persona de nuestro predecesor Honorio III, en el espléndido mosaico de San Pablo Extramuros, donde se figura adorando a Cristo; pequeño en su estatura y postrado en tierra besando los pies de Cristo, quien grandioso preside toda la asamblea en la basílica, esto es la Iglesia".

En el vértice (*Tabla 5*) no existe la Mano, emblema del Padre; ni se tiene noticia de la figuración originaria. No existe la Paloma, emblema del Espíritu Santo en la *Etoimasia tou thronou* (Preparación del Trono) para la Segunda Venida del Salvador; en nuestro mosaico la Etimasia (*Tabla 6*) es solamente cristológica. Encima de un cojín de púrpura en el trono cubierto con gemas se encuentra el Evangeliario cerrado y la Cruz, todos ellos con gemas: no existe el respaldo, pero detrás del cojín, está la corona de espinas levantada con un palo y la lanza de la transverberación esponsal, la esponja de vinagre puesta en una caña y los clavos de la crucifixión inmersos en el cáliz de la Sangre.

En el registro superior, a la derecha de Cristo en el trono se encuentra Pablo (*Tabla 7*), titular de la *domus* basilical, con el pliego del himno de la *kenosis* en su final: *In nomine Jesu omne genuflectatur coelestium terrestrium et infernorum* (Filp. 2,10: "Al nombre de Jesús se doble toda rodilla (de los seres) en el cielo, en la tierra y bajo tierra"); a su derecha, Lucas (*Tabla 8*), el discípulo evangelista, *ho agapetós*, "el amado" (Col. 4,14), que en Roma, ya inminente el martirio, *est mecum solus* (II Tm. 4,11: "Él sólo está conmigo"), con el pliego del propio testimonio sobre la confesión cristológica en que se fundan los Hechos de los Apóstoles: *Saulus autem convalescebat et confutabat Judeos affirmans quia hic est Christus*, (Hech. 9,22: "Saulo se fortalecía y confundía a los judíos de Damasco demostrando quien es el Cristo"). El autor del mosaico del Ochocientos ha figurado grandemente las dos escenas.

A la izquierda del Cristo en el trono (*Tabla 9*) se encuentra Pedro, el apóstol "piedra", punto de referencia de la Iglesia, con el anuncio de la confesión cristológica: *Tu es Christus Filius Dei vivi*, (Mt. 16,16: "Tu eres el Cristo, el Hijo del Dios vivo"); a su izquierda, Andrés (*Tabla 10*), el apóstol que fue el primero en ser llamado, el hermano de Simón Pedro a quien condujo hacia Jesús (Jn. 1,40-42) con el cartel donde narra su testimonio cristológico en la cruz del martirio: *Beatus Andreas dum pendedat in cruce deprecabatur Dominum Jesum Christum* (*Passio Andreae*, 14: "El beato Andrés clavado en cruz rogaba al Señor Jesucristo"). Sin embargo, el mosaico está configurado a la mitad correspondiente en manera símil.

TABLA 5

TABLA 6

TABLA 7

TABLA 8

TABLA 9

TABLA 10

TABLA 11

TABLA 12

El registro superior sitúa dentro la epifanía *parusiaca* del “jardín”, *parádeisos*, que significa que ha sido recintado o cultivado en acabada belleza, *hortus conclusus* (*Tabla 11*), clásico por su figuración escatológica: florido, habitado, regado, en transposición apocalíptica (Ez. 47; Ap. 22) del edén inicial (Gen. 2). En ese, la planta eminente es el “árbol de la vida”, que los artistas de iconos la figuran a menudo con una palma, árbol de los “360 frutos y 360 perspectivas”, uno para cada día del tiempo y una para cada lugar del espacio[5]. En nuestro mosaico (*Tabla 12*), el árbol de la vida, trasplantado en medio del jardín (Gen. 2,9) a “una parte y a la otra del río” (Ez. 47,12; Ap. 22,2), la palma está para cerrar, de izquierda a derecha en forma espectacular, la entera epifanía parusíaca.

Entre el registro superior y el inferior se encuentran dos tronos, allí el Trono de la “Segunda Venida”, aquí el Trono *inter tempora* “mientras tanto” (*Tabla 13*) – así como en el “trono de la parusía” se encuentra el papa Honorio III, en el “trono preparado” está el abad Juan Caietani (1212-1226) con el sacristán Arnulfo y, en medio de ellos, los Santos Inocentes, de quienes se veneraban las reliquias en la basílica, que Sixto V (1585-1590) llevó a Santa María la Mayor *ad presepe*, junto al pesebre de Belén – el jardín-paradiso, allí la invocación del cumplido, aquí la evocación del perdido, rimados los dos por el árbol de la vida, repetido y multiplicado donde está la figuración genesíaca de la visión apocalíptica del viejo y del nuevo testamento (verlo en las Tablas precedentes y en las Tablas siguientes) – en el jardín definitivo sin la interferencia de alguna planta, pero en el jardín en el que todavía no está puesto el árbol del conocimiento del bien y del mal (verlo en la *Tabla 15*); el coro de los apóstoles, allí 4 en profesión cristológica, aquí 12 proclamando la grande doxología: el *apostoleíon*, “el colegio de los apóstoles”, normalmente figurado mediante 12 discípulos “llamados y enviados directamente”; la traición de Judas Iscariota, sustituido por Matías, quien juntamente con los otros Once fueron testigos de la resurrección (Hech. 1,15-26), la unión de Saulo por medio de la voz del Resucitado en persona (Hech. 9,1-20), la consideración apostólica en sentido propio de los evangelistas Marcos y Lucas, no enumerados entre “los Doce” (Mt. 10; Mc. 3; Lc.6; Hech.1) han sido motivos de expresiones diversas en la presentación del simbólico 12.

En nuestro mosaico, que exalta la hermenéutica cristológica, mediante la icononización de los 4 “testimonios” del Cristo en el registro superior, los 12 enumerados en el registro inferior son los 9 del originario colegio apostólico: Santiago de Zebedeo, su hermano Juan el evangelista, Bartolomé-Natanael, Felipe, Tomás-Dídimo, Mateo-Leví el evangelista y Bernabé, de quien las Iglesias han hecho siempre memoria como apóstol verdadero y propio.

En el registro inferior, a izquierda y derecha de la Etimasia se

S MA
TIAS
DNE
D S
AGN
VS DI
FILI
VS P

TABLA 13

TABLA 14

TABLA 15

encuentra en el jardín y entre palmas un ángel y un ángel, que entonan el "himno angélico" con seis apóstoles y seis apóstoles, que lo continúan. Que el himno aparezca entonado por los ángeles es una cosa clara en sí, pero que lo continuen los apóstoles es una cosa explicativa. Una persistente tradición ha atribuido a los Doce la formulación de los doce artículos del símbolo de la Fe, que se llama por eso "apostólico". En el siglo XVII alguien lo ha recogido y elaborado en manera orgánica[6]; inevitablemente ha tenido que combinar ciertos artificios, con el fin de concordar el sentido de este u otro artículo de la fe con la índole trasmitida de este u otro apóstol, pero ha podido ilustrar útilmente el sentido del símbolo con tratos de luminosidad, dados por ciertas concordancias. A su vez, el formador iconológico de nuestra iconografía habrá procedido analógicamente, ya que el orden de sucesión aparece intencional a la "concordancia", entre la índole de cada apóstol titular y la secuencia textual del himno. En estos momentos en los que las técnicas de codificación y decodificación prestan una notable ayuda, nuestra ermenéutica no se puede cerrar, sino que se abre encendiendo así nuestra curiosidad.

Los dos ángeles alados y vestidos de blanco, proponiendo su himno a la Primera Venida del Salvador, indican el trono preparado a su Segunda Venida, contando el tiempo en base a la economía de la salvación en el espacio-tiempo, el espacio escatológico de jardín edénico de los doce árboles, los mal preparados constructores de mosaicos del Ochocientos han puesto en manera intrusa una décima tercera y decima cuarta planta en el extremo derecho e izquierdo de la secuencia de los apóstoles.

El ángel a la izquierda de la Etimasia (*Tabla 14*) dice en su pliego: *Gloria* [excelsis] *Deo* (Lc. 2,14a: " Gloria a Dios en el cielo"). El ángel de la derecha (*Tabla 15*): *Et in terra pax hominibus bonae voluntatis* (Lc. 2,14b: "Y en la tierra paz a los hombres de buena voluntad"). No son nombrados ni uno ni otro, o sea que nada se añade a todo aquello que la exégesis patrística, doctoral y científica que enseña el Evangelio de Lucas. Pero junto al segundo ángel no está ninguna palma, árbol de la vida, sino que se encuentra un manzano, árbol del conocimiento del bien y del mal. Los compositores de mosaicos se separan de los módulos, que en los años 10 del decimotercer siglo son compuestos en la cupulita del Examerón en la Basílica de San Marcos en Venecia, y se acercan al módulo del manzano, de los seductores frutos de oro, que en los años 40 y en los 80 del siglo XIII fueron compuestos en la paredes de la nave de la capilla palatina de San Pedro en Palermo y en la basílica monástica de Santa María Nueva a Monreale (¿puede ser que en la basílica de San Pablo Extramuros trabajen sólo compositores de mosaicos venecianos?).

El coro de los Doce en el registro inferior manifiesta la primera y la segunda parte de la gran doxología a "quattor", y en cada una de ella está un evangelista. Lucas, autor de la entonación, se encuentra en el "quattor" del registro superior. Las exclamaciones doxológicas de la primera parte: Santiago el Mayor, Juan evangelista, Bartolomé, Felipe, Tomás, Mateo evangelista, Simón de Santiago el Menor; la súplica letánica de la segunda parte, Matías, Judas, Marcos el evangelista y Bernabé. Cada movimiento de los cuatro evangelizadores de la Resurrección está en distinta postura pascual, en la existencia de los hombres amados por Dios y convocados por El a la economía salvadora de la comunión con el Cristo, en quien se recapitula todo.

Cada apóstol propone su pliego a corazón batiente, de igual manera los dos ángeles entonadores, de la izquierda a la derecha de Cristo e de su Etimasia, según el uso común en la ejecución del canto gregoriano.

SANTIAGO

Laudamus Te (Te alabamos) *(Tabla 16)*

TABLA 16

La primera exclamación corresponde a Santiago de Zebedeo quien, juntamente con su hermano Juan y a Pedro, es un testigo privilegiado por Jesús. El Señor les concedió el privilegio de estar presentes a la curación de la suegra de Simón (Mc. 1,29). a la resurrección de la hija de Jairo (Mc. 5,37), a la transfiguración gloriosa (Mt. 17,1), a la agonía mortificante (Mt. 26,37) y fue el primero que dio testimonio de la Resurrección del Señor con la propia sangre (Hech. 12,2).

Curiosamente el mosaico señala el principio "laudativo" del himno de los hombres a eco del himno de los ángeles: el *titulus*, (la denominación) del apóstol como "primer testigo" *Sanctus Iacobus* (Santiago) está escrito en dos modos verticales, de derecha a izquierda y con un cambio espectacular de las letras de la derecha: BUS|Ƨ IAƆO . Es que el icono musivo entiende el himno de los hombres en la gran doxología como "laudable" respuesta, a espejo de continuidad a los ángeles, en virtud de presencia a los misterios y eventos de los que Cristo Señor nos hace testigos.

De esta "presencia" nuestra le damos testimonio cantando con nuestra existencia aquella "alabanza" de David: "En mi boca está siempre su alabanza" (Sal. 33,2) y más todavía en el Salterio: "Tengo mi boca llena de tu alabanza, de tu gloria todo el día" (Sal. 70,8); "Exulten los fieles en la gloria..., la alabanza de Dios en su boca" (Sal. 149, 5-6); y Pablo: "Sed irreprensibles en el día de Cristo, llenos de aquellos frutos de justicia, que se obtienen por medio de Jesucristo a gloria y alabanza de Dios" (Fip. 1,10-11).

TABLA 17

Juan

Benedicimus Te (Te bendecimos) *(Tabla 17)*

La respuesta alternada es de Juan, el otro testigo privilegiado, junto a su hermano Santiago y a Pedro. Nuestra "bendición" ha sido dada a él, que no solamente ha insistido en su Evangelio (Jn. 12,13) en la bendición del *Hallel*, "Bendito el que viene en nombre del Señor", hecha por los tres evangelistas sinópticos (Sal. 117,26: Mt. 21,9; Mc. 11,9; Lc. 19,38: "¡Bendito el que viene, el rey, en el nombre del Señor. Paz en el cielo[7] y gloria en lo más alto del cielo!"); sino que además ha trasladado el canto en su visión (Ap. 4,8) hasta la "aparición" de Dios Pantokrator y del Cordero inmolado vencedor: "Cuando aquellos Vivientes daban gloria y Bendición a Aquel, que está sentado en el trono y vive por los siglos de los siglos, y los veinticuatro Ancianos se postraban delante de Aquel, que esta sentado en el trono y adoraban al que vive por los siglos de los siglos...

Decían a gran voz:

"El Cordero que ha sido inmolado es digno
de potencia y riqueza, sabiduría y fuerza,
honor, gloria y bendición".

Y toda criatura que está en el cielo y sobre la tierra o en el mar, toda cosa allí existente oí que decían:

A Aquel que está sentado en el trono y al Cordero
bendición, honor, gloria y potencia
por los siglos de los siglos" (Ap. 4,9; 5,13)

Es que el icono musivo entiende nuestra bendición como canalizada hacia el Cordero, que ha venido en el nombre del Señor y que, resucitado, vuelve vencedor. Bendición que llega hasta él en la espera de su bendición, que desciende hacia nosotros, para "llevar el reino preparado desde el origen del mundo" a aquellos, "cuyo nombre está escrito en el libro de la vida del Cordero inmolado desde la fundación del mundo" (Ap. 13,8)

TABLA 18

Bartolomé

Adoramus Te (Te adoramos) *(Tabla 18)*

Identificado como Natanael, Bartolomé es el apóstol, que Felipe conduce a Jesús, siendo acogido por el Mesías con elogio: "Este es un verdadero israelita en quien no hay doblez" (Jn. 1,48). Iniciando con perpleja esperanza (Jn. 1,46) acaba con una fe declarada: "Tu eres el Hijo de Dios, tu eres el rey de Israel" (Jn. 1,49). A él Jesús ha dicho: "Veréis el cielo abierto y a los ángeles de Dios subir y bajar sobre el Hijo del Hombre" (Jn. 1,51). En los actos apócrifos de Bartolomé se cuenta que en Bosra, ciudad de la

THAD
DEVS
QVI
TOL
LISP
ECC
ATA

Celesiria, resucitó a un joven, que llevaban a enterrar: de su boca salió una lengua de fuego, que pasó a la boca del joven dándole la vida. Todos quedaron maravillados, confundiéndolo con un Dios a quien debían ofrecer sacrificios (es el esquema de Hech. 14,8-18); pero el apóstol predicó el Evangelio de Jesús y los convirtió a la adoración del Hijo de Dios, hecho Hijo del Hombre muerto y resucitado[8].

Así el icono ilustra la adoración en nuestro himno, comenzando por los ángeles que subían y bajaban sobre el Salvador, apenas nacido (Lc. 2,9-15), y lo profesamos como "Hijo de Dios" y se nos descubre en la fe y en la esperanza como "Hijo del Hombre", muerto y resucitado.

TABLA 19

Felipe

Glorificamus Te (Te glorificamos) *(Tabla 19)*

Las exclamaciones doxológicas de "alabanza, bendición, adoración" terminan con la exclamación doxológica de "gloria": exclamación doble, una modo de iluminación del himno dentro del mismo himno.

Dada al apóstol de la visión; porque Felipe, desde su primera vocación hasta la última revelación, es discípulo de visión. La primera vocación ("el día después" de la vocación de Andrés y de su hermano Simón Pedro): "Jesús encontró a Felipe y le dijo: Sígueme" (Jn. 1,43), Felipe no dice nada como respuesta, pero vemos que sigue al Maestro porque Felipe encontró a Natanael y le dijo: Hemos encontrado a aquel de quien han escrito en la ley Moisés y los profetas, Jesús, hijo de José de Nazaret. Natanael exclamó: ¿De Nazaret puede salir algo bueno? Felipe le respondió: Ven y verás (Jn. 1,45-46). Jesús "vio" que Natanael se le acercaba (Jn. 1,47) y lo maravilla descubriendo que lo había "visto" debajo de la higuera (Jn. 1,48-50) y afirma delante a Natanael que escucha y a Felipe que "ve": Veréis el cielo abierto y a los ángeles subir y bajar sobre el Hijo del Hombe" (Jn. 1,51).

La última revelación (a la mesa con ellos): Le dijo Felipe: Señor, muéstranos al Padre y nos basta. Le responde Jesús : ¿Tanto tiempo que estoy con vosotros y todavía no me conoces? Quien ha visto a mi ha visto al Padre" (Jn. 14,8-9). De la vocación de Felipe se deduce la enseñanza de ver "a aquel de quien han escrito Moisés y los profetas" hasta la revelación, que se refleja sobre quien ha visto "desde hace tanto tiempo"; es lo mismo que ocurre con los discípulos de Emaús: "algunas de nuestras mujeres fueron al sepulcro..., llegaron contándonos haber visto una visión de ángeles, que dicen que está vivo. Algunos de los nuestros han ido al sepulcro pero a él no lo han visto... Comenzando por Moisés y por todos los profetas, les explicó las Escrituras que se referían a Él... Cuando estuvo a la mesa con ellos, tomó el pan, pronunció la bendición, lo partió y se lo dio. Entonces se les abrieron los ojos..., pero desapareció de su vista" (Lc. 24, 22-31).

Y desde la primera vocación a la última, Felipe desarrolla el ministerio apostólico de visión: "La muchedumbre, que se había congregado para la fiesta, habiendo oído que Jesús acudía a Jerusalén, tomó ramos y palmas y fue a su encuentro gritando: Hosana. Bendito el que viene en nombre del Señor, el rey de Israel!.. Entre aquellos que habían llegado para la fiesta, había algunos griegos: Estos se aproximaron a Felipe y le dijeron: Queremos ver a Jesús... Entonces Jesús dijo: Todavía por poco tiempo tendréis la luz con vosotros. Caminad mientras tenéis la luz. Mientras tenéis la luz creed en la luz para llegar a ser hijos de la luz" (Jn. 12,12-36). El pliego de la exclamación doxológica duplicativa en mano del apóstol de la visión, nos introduce en el rito bizantino, que introduce el canto del *Gloria* con el canto de una exclamación también ésta repetitiva: *Doxa soi to deixanti phos*, (Gloria a ti, que has manifestado la luz). Gloria como luz, luz como visión: es de esta manera como nuestro himno "se ilumina".

Tomás

Gratias agimus tibi propter magnam gloriam tuam (Te damos gracias por tu inmensa gloria) *(Tabla 20)*

TABLA 20

La gloria aclamada hasta este punto es desde este momento un motivo "de acción de gracias", que da color a nuestro himno con la entereza de la historia de la salvación; *eucharistoumen dia ten magalen sou doxan* (por tu inmensa gloria te damos gracias).

Sugestión que, consecuentemente, nos insinúa la atribución de esta exclamación a Tomás. El apóstol proverbial por su "incredulidad" en la resurrección de Jesús se caracteriza igualmente por su actuación en la resurrección de Lázaro: "Jesús dijo: Esta enfermedad no es para la muerte, es para la gloria de Dios, porque por ella el Hijo sea glorificado. Jesús quería mucho a Marta, a su hermana y a Lázaro. Cuando supo que estaba enfermo, se entretuvo dos días en el lugar donde estaba. Después dijo a los discípulos: vayamos de nuevo a Galilea. Los discípulos le dijeron: Rabí, hace poco los judíos tentaban de lapidarte, ¿y tu vas allí de nuevo?... Entonces, Tomás, llamado el Dídimo, dijo a sus compañeros: vayamos también nosotros y muramos con él... Jesús dijo: Padre, te doy gracias porque me has escuchado. Yo sé que siempre me escuchas, pero lo he hecho por los que me rodean para que ellos crean que tu me has mandado..." (Jn. 11,4-42).

La resurrección del amigo es tipo de la resurrección de la multitud, que él salva con la muerte; Tomás se ha puesto a disposición de morir con Jesús para la glorificación del Hijo de Dios en la resurrección, que iba a operar. ¿Y no conmovería nuestra acción de gracias por su gloria inmensa el drama, vivido por él en el entre tiempo de la ausencia a la presencia del Resucitado? (Jn. 20,24-29).

TABLA 21

Mateo

Domine Deus Rex coelestis (Señor Dios, Rey celestial) *(Tabla 21)*

El hagiógrafo del primero de los Evangelios Sinópticos ha unido, en el registro superior, el texto decisivo por el Evangeliario de Cristo en la gloria y por el pliego de Pedro; en el registro inferior interviene otra vez en manera decidida.

El evangelista Mateo describe la Segunda Venida del Hijo de Dios no sólo indicando el "reino", la herencia de sus santos, sino también llamando "rey" a Cristo Señor: "Cuando el Hijo del Hombre vendrá en su gloria..., se sentará en el trono de su gloria. Entonces el rey dirá...: Venid, benditos del Padre mío, a poseer el reino, que ha sido preparado para vosotros desde el origen del mundo" (Mt. 25,31-34). Y ha descrito la Primera Venida del Hijo del hombre, narrando tanto la "condenación" real de parte del rey Herodes, cuanto el glorioso reconocimiento "real" de parte de los adoradores entre las gentes: "Jesús nació en Belén en tiempo del rey Herodes.

Algunos magos llegaron desde el Oriente a Jerusalén y preguntaban: ¿Dónde ha nacido el rey de los judíos?. Hemos visto su estrella y hemos venido para adorarlo... Vieron al niño con María su madre y postrándose lo adoraron. Abrieron sus cofres y le ofrecieron oro, incienso y mirra..." (Mt. 2,1-2.11). La decisión del apóstol Mateo a escoger el título de *Rex coelestis* para el "Señor", de quien cantamos la "gloria inmensa", recortando el v. 4 del *Gloria* – "Señor Dios, rey del cielo / Dios Padre Omnipotente" – es la proclamación de tal determinación decisiva.

TABLA 22

Simón

Deus Pater Omnipotens (Dios Padre Todopoderoso) *(Tabla 22)*

Teniendo la intención de excluir la referencia de "Señor Dios Rey del cielo" al concomitante "Dios Padre Todopoderoso" e incluirlo al sucesivo "Señor Hijo Unigénito Jesu "Cristo", por la identificación del "Tu", del que cantamos "la gloria inmensa" es necesario dar lo restante del recorte casi entre paréntesis.

El compositor del mosaico se ha tomado la responsabilidad de hacerlo con los dos modos, más o menos acertados, de cortar – caso único en la secuencia – el verso, dando a la primera mitad la exaltación del evangelista, a quien hemos mirado, y atribuir esta segunda mitad para "oscurecer" al apóstol Simón, de quien todo es oscuro. Llamado "el celota", se podría pensar que había pasado a la

S MAR CUS.
QUI TOLLIS PECCATA MUNDI SUSC D. N.

compañía de Cristo desde la secta de los "celosos", quienes "luchaban desesperadamente y morían por poder volver a la libertad política en manera fundamentalista, convencidos que sólo Dios era su guía y su rey".[9]

TABLA 23

SANTIAGO

Domine Fili Unigenite Jesu Christe (Señor, Hijo único Jesucristo) *(Tabla 23)*

El correspondiente cristológico del título "rey del Cielo": *Fili Unigenite* fue dado a Santiago el Alfeo, "el hermano del Señor" (Gal. 1,19; Mt. 13,55). A él se le apareció Cristo antes que a los demás apóstoles (1Cor. 15,7). "Rigió" la Iglesia de Jerusalén (Hech. 12,17). Pedro, Juan y él fueron considerados "las columnas" (Gal. 2,9). Se piensa que es el autor de la carta a él atribuida: "Santiago, siervo de Dios y del Señor Jesucristo, a las doce tribus dispersadas por el mundo" (Sant. 1,1).

Probablemente por su dignidad famosa, por su ministerio primacial en la Iglesia madre de Jerusalén, por la aparición especial del Resucitado y por su percepción de la proximidad inminente del Señor, por su consanguinidad con el Hijo Unigénito de Dios..., por todo esto es él quien cierra la primera parte del himno.

TABLA 24

MATÍAS

Domine Deus, Agnus Dei Filius Patris (Señor Dios, Cordero de Dios, Hijo del Padre) *(Tabla 24)*

La letanía está dirigida al Cordero – con las resonancias que tiene el mismo Cordero, desde el *Génesis* hasta el *Éxodo*, desde Juan Bautista a Juan Evangelista, desde la *I Pedro* hasta el *Apocalipsis* – , al Apóstol unido a los Once se le da el vocativo inicial, que estará calificado por dos evocaciones, una repetida en forma letánica: *Qui tollis peccata mundi* (Tu que quitas el pecado del mundo) y una conclusiva: *Qui sedes ad dexteram Patris* (Tu que estás sentado a la derecha del Padre) y de dos invocaciones, una repetida: *miserere nobis* y una mediana: *suscipe deprecationem nostram* (atiende nuestra súplica). Vocativo inicial, que nombra a Dios, Cordero de Dios, Hijo del Padre, el "Señor", *Kyrie*, esto es vocativo de narración plenaria del Señor Jesús, de la vida divina inmanente a la divina economía salvadora y llena.

El compositor del mosaico ha anticipado a Matías, apóstol añadido, a Judas Tadeo, apóstol originario del Colegio de los Doce, habiendo percibido que un vocativo tal es único a la calificación de Matías: la que, a su modo, es plenitud de la teofanía en el Jordán a la asunción celeste de la humanidad; así se manifiesta Pedro a los hermanos en el momento de la composición del Colegio apostólico: "... entre aquellos que han sido compañeros durante todo el tiempo en que el Señor Jesús ha vivido en medio de nosotros, comenzando desde el Bautismo de Juan hasta el día en el que fue elevado al cielo, uno llegue a ser testigo de su resurrección juntamente con nosotros" (Hech. 1,21-22). Nuestra súplica en el himno es letánico memorial del *descensus-ascensus* (bajada-subida) de Cristo Salvador.

Tadeo

Qui tollis peccata mundi miserere nobis (Tu que quitas los pecados del mundo, ten piedad de nosotros) *(Tabla 25)*

TABLA 25

"Le dijo Judas, no el Iscariote: Señor, qué es lo que ha sucedido que estás para manifestarte a nosotros y no al mundo? Jesús respondió: Si uno me ama observará mis palabras y mi Padre lo amará y vendremos a él y pondremos nuestra casa en él" (Jn. 14,22-23).

La pregunta del apóstol Judas Tadeo al Maestro canaliza nuestra súplica letánica hacia la consideración sobre la misericordia del Cordero "que quita los pecados del mundo", simplemente como amor de Dios, que permanece en nosotros; y misericordia que se manifiesta en cualquiera que "lo ama y observa sus palabras", a quienquiera que se mete en camino sin reservas para seguir como discípulo.

Marcos

Qui tollis peccata mundi suscipe deprecationem nostram (Tu que quitas el pecado del mundo acoge nuestras súplicas) *(Tabla 26)*

TABLA 26

Al Cordero "que quita los pecados del mundo", la letanía le pide ""acoge nuestra súplica", haciendo doble la misma súplica.

Esta insistencia, típica de la oración en forma de letanía, ha sido propuesta por el evangelista, muy querido por el apóstol Pedro: "Marcos, mi hijo" (I Pe. 5,13) – primo de Bernabé – (Col. 4,10). Parece que la elección fue motivada por la influencia de un tardo apócrifo, publicado recientemente en los años 60 del XX siglo, de un manuscrito del Monte Athos en el mismo periodo en el que los compositores venecianos de mosaicos trabajaban en la basílica romana. Son de más tarde los "Actos, milagros y martirio del santo y muy pío apóstol y evangelista Marcos", difundidos en la rivera adriática. En ellos se cuenta que Marcos fue discípulo en primer lugar de Juan el Bautista y después lo fue de Jesús.

La perícopa evangélica sobre los preparativos de la última cena es autobiográfica: "Id a la ciudad y encontraréis a un hombre que lleva una jarra de agua; seguidlo y allí donde entrará decid al dueño de la casa: el maestro dice: ¿Dónde está mi habitación para que yo pueda comer la Pascua? (Mc. 14,13-14); el hombre que fue el "signo" de la preparación de la Pascua fue Marcos. Evangelizó Antioquía, Seleucia, Cesarea, "primero con Bernabé, después con Pablo y finalmente con Pedro a quien acompañó a Roma, donde escribió el segundo Evangelio. Desde Roma, Pedro lo envió a Alejandría en Egipto. Fue a predicar e hizo muchos prodigios. Fue él quien escribió: "Jesús les dijo (a los Once): Id por todo el mundo y predicad el Evangelio a toda criatura. Quien creerá y será bautizado se salvará, pero quien no creerá se condenará. Y estos serán los signos, que acompañarán a quienes creerán: impondrán las manos a los enfermos y estos curarán... Ellos partieron y predicaron, mientras el Señor obraba juntamente con ellos y confirmaba su palabra con los milagros que la acompañaban" (Mc. 16, 15-20). En el año noveno se le apareció el Señor, que le anunciaba el martirio durante las fiestas pascuales: fue torturado y muerto el 25 de abril a la edad de 57 años[10].

La *leyenda* da los tratos de su vida como signo de la Cena del Cordero y la taumatúrgia de la súplica confirma su Palabra evangélica[11].

Va paralela a nuestra letanía la sintonía de la evocación con la calificación de Marco, por la discreta transparencia en filigrana del Cordero que salva; como también la sinfonía de la invocación por su narración taumatúrgica de Jesús, que sana las heridas y los sufrimientos.

TABLA 27

BERNABÉ

Qui sedes ad dexteram Patris miserere nobis (Tu que estás sentado a la derecha del Padre, ten piedad de nosotros) *(Tabla 27)*

La invocación de la misericordia se hace, desde este momento, insistencia letánica definitiva; y la evocación es aquí la llegada definitiva en la "bajada-subida" de Cristo Salvador a la humanidad. Con Bernabé, afín extraordinario de Pablo, esta evocación y aquella invocación resumen nuestra profesión de discípulos cristianos.

"La Iglesia de Jerusalén envió a Bernabé a Antioquía. Cuando llegó y se percató de la gracia del Señor se llenó de alegría y, siendo como era un hombre lleno de virtud, lleno de Espíritu Santo y de fe, exhortaba a todos a perseverar en el Señor con corazón seguro... Después partió de Tarso para buscar a Pablo y, una vez encontrado, lo condujo a Antioquía. Permanecieron un año entero en aquella comunidad e instruyeron a muchos; por primera vez, en Antioquía los discípulos fueron llamados cristianos" (Hech. 11,22-26). Es punto definitorio: ser "hijos de la exhortación", ver la gracia del Señor y alegrarse, ser hombres capaces porque llenos de Espíritu Santo y de fe. Se es "llamado cristiano" mientras se espera que el Salvador, sentado a la derecha del Padre, vuelva de nuevo.

No debe maravillar demasiado que la grande doxología de la basílica paulina se cierre, omitiendo totalmente la tercera parte del himno. Volvamos a ver la mirada asombrada de Pablo VI delante al ábside, que nosotros hemos recorrido: "... Cristo, que con grandiosidad preside la asamblea recogida en la basílica, esto es la Iglesia" (29.9.1963). Con razón el papa Pablo pasa del ábside al aula de la basílica y ve "la Iglesia" en asamblea, recogida a la presencia de Cristo Jesús, "refulgente" allá arriba "en el espléndido mosaico". Paso entre el icono litúrgico y la convocación en el Espíritu Santo, tan delicado en la "realización" cuanto virtuoso en la sacramentalidad "frecuentativa" – esto es, celebración – del misterio.

Conducir, a manera de icono, la grande doxología de la súplica letánica hacia el *Amen* es parte del rito de la asamblea que celebra. Si es propio de la asamblea, reunida en el Espíritu Santo, cantar el himno, la obra musiva de la basílica reconoce a la asamblea el final del mismo. Una forma de espectacular cambio estético-poético: la asamblea se siente y se ve presente por medio de los iconos, ellos abrazan, en su propia presencia característica, a la asamblea.

Q·S
EVES
SAT
DEX
TERA
P·M
N·

Note, Notes, Notes, Anmerkungen, Note

[1] Mons. Crispino Valenziano ha studiato all'Università statale di Genova e alla Pontificia Università Gregoriana di Roma. Si è specializzato in scienze antropologiche a Parigi e in scienze teologiche a Strasburgo. Insegna Spiritualità liturgica e Arti per la liturgia presso il Pontificio Istituto liturgico romano. E' Consultore dell'Ufficio per le Celebrazioni liturgiche del Sommo Pontefice ed è membro della Pontificia Commissione di Archeologia sacra e dei Beni culturali della Chiesa. La sua innata e spiccata sensibilità artistica e la sua robusta preparazione teologica lo hanno spinto da decenni ad interessarsi soprattutto agli approfondimenti teorici e alle attuazioni pastorali dei temi che connettono la spiritualità con l'arte, sulla scia delle istanze del Concilio Vaticano II. Le sue numerose pubblicazioni gli hanno procurato una fama a livello internazionale, rendendolo un'autorità indiscussa soprattutto nel settore dove s'incontrano teologia e arte.

[1]Msgr. Crispino Valenziano studied at the State University of Genoa and the Pontifical Gregorian University in Rome. Specializing in anthropology in Paris and in theology in Strasbourg, he presently teaches liturgical spirituality and art at the Pontifical Liturgical Institute, Rome. He is a consultor of the Office for Liturgical Celebrations of the Supreme Pontiff and a member of the Pontifical Commission of Archeology and the Cultural Patrimony of the Church. His outstanding artistic sense and his strong theological preparation have lead him over the years to an interest in theoretical studies and pastoral initiatives on subjects associating spirituality and art in light of the teachings of the Second Vatican Council. His many publications have made him internationally known and an expert in his field.

[1]Mgr Crispino Valenziano a fait ses études à l'Université d'Etat de Gênes et à l'Université Pontificale Grégorienne de Rome. Il s'est spécialisé en sciences anthropologiques à Paris et en sciences théologiques à Strasbourg. Il enseigne la Spiritualité liturgique et les Arts pour la liturgie à l'Institut Pontifical Liturgique romain. Il est Consulteur de l'Office des Célébrations liturgiques du Souverain Pontife et Membre de la Commission Pontificale d'Archéologie sacrée et des Biens culturels de l'Eglise. Sa sensibilité artistique innée et aiguë et sa grande préparation théologique l'ont conduit depuis des décennies à s'intéresser surtout aux approfondissements théoriques et aux réalisations pastorales des thèmes qui unissent la spiritualité à l'art, dans la lignée des requêtes formulées par le Concile Vatican II. Ses nombreuses publications lui ont forgé une renommée au niveau international, faisant de lui une autorité indiscutée surtout dans le domaine où la théologie et l'art se rencontrent.

[1]Mons. Crispino Valenziano hat an der Staatlichen Universität Genua und an der Päpstlichen Universität Gregoriana in Rom studiert. Er hat sich in Paris auf anthropologische und in Straßburg auf theologische Wissenschaften spezialisiert. Er unterrichtet liturgische Spiritualität und Liturgiekunst am Päpstlichen Institut für Liturgie in Rom. Er ist Berater des Büros für die Liturgiefeiern des Papstes und Mitglied des Päpstlichen Ausschusses für religiöse Archäologie und der Denkmalpflege der Kirche. Seine angeborene und starke künstlerische Sensibilität und seine hervorragende theologische Vorbereitung treiben ihn, in Erfüllung der Entscheidungen des II. Vatikanischen Konzils, seit Jahrzehnten dazu an, sich v.a. für die theoretischen Vertiefungen und die pastoralen Umsetzungen der Themen zu interessieren, die die Spiritualität mit der Kunst verbinden. Seine zahlreichen Veröffentlichungen haben ihm internationalen Ruhm eingebracht und ihn zu einer unangefochtenen Autorität v.a. in jenem Bereich gemacht, in dem Theologie und Kunst sich treffen.

[1] Mons. Crispino Valenziano ha estudiado en la Universidad estatal de Génova y en la Pontificia Universidad Gregoriana de Roma. Se ha especializado en ciencias antropológicas en París y en ciencias teológicas en Estransburgo. Enseña espiritualidad litúrgica y arte para la liturgia en el Pontificio Instituto litúrgico romano. Es consultor del Oficio de las Celebraciones litúrgicas del Sumo Pontífice y es miembro de la Pontificia Comisión de Arqueología sagrada y de los Bienes Culturales de la Iglesia. Su innata y sutil sensibilidad artística y su robusta preparación teológica lo han movido, desde hace decenios, a interesarse sobre todo, en la profundización teórica y a la actuación pastoral de temas, que conectan la espiritualidad con el arte, siguiendo la huella del Concilio Vaticano II. Sus muchas publicaciones le han dado fama internacional, siendo una autoridad fuera de discusión en aquellos temas donde se encuentran la teología y el arte.

[2] S. Joannes Damascenus, *De imaginibus oratio*, 17; PG 94, 1248 C.

[3] S. Gregorius Magnus, *Epistolarum liber XI, epist. XIII (Ad Serenum Massiliensem episcopum)*; PL 77, 1128 C.

[4] Cf Valenziano C., *Gloria et Pax. Inno d'angeli inno d'uomini*, Sotto il Monte 2001, 33-52.

[5] Valenziano C., *La Gran Signora nel trittico fiammingo di Polizzi Generosa*, Roma 2001,109-110; *Evangelista e pittore. Discepolo e scultore*, Firenze 2003, 110.

[6] Cornelio a Lapide, *Commentaria in Sacram Scripturam, X, In Apocalypsin sancti Ioannis*, Neapoli 1859, 1024-1034; cf Valenziano C., *Il Simbolo Apostolico per viam pulchritudinis*, in Giorgio G., *Dio Padre Creatore*, Bologna 2003, 13-14.

[7] "L'espressione "Pace in cielo" (Lc 19,38) non ha molto senso; pure se con il termine 'pace' bisognerebbe restituire l'ebraico *shalom* che innanzitutto significa 'salute' e 'prosperità'. Perciò nel cantico di Natale (Lc 2,14) l'espressione 'Pace in cielo' diventa 'Pace in terra' e passa al secondo stico. Da sinonimo il parallelismo diventa simbiotico", Magne J., *Le "Gloria in excelsis"*, "Ephemerides Liturgicae" 25 (1986) 370.

[7] "The expression 'Peace in heaven' (Lk 19:38) makes little sense; even if the term 'peace' should be substituted by the Jewish *shalom*, meaning 'health' and 'prosperity'. Therefore, in the hymn of Christmas (Lk 2:14) the expression 'peace in heaven' becomes 'peace on earth' passing to the second part of the verse. Thus, synonymic parallelism becomes symbiotic", Magne, J., *Le "Gloria in excelsis"*, "Ephemerides Liturgicae" 25 (1986) 370.

[7] «L'expression "Paix au ciel" (Lc 19, 38) n'a pas beaucoup de sens; bien que le terme "paix" corresponde à l'hébreu *shalom* qui signifie avant tout "santé" et "prospérité". Par conséquent, dans le chant de Noël (Lc 2, 14) l'expression "Paix au ciel" devient "Paix sur la terre". De synonyme le parallélisme devient symbiotique», Magne J., *Le "Gloria in excelsis"*, "Ephemerides Liturgicae" 25 (1986) 370.

[7] "Der Ausdruck "Im Himmel Frieden" (Lk 19,38) hat nicht sehr viel Sinn; auch wenn man den Ausdruck 'Frieden' mit dem jüdischen *shalom* ersetzen sollte, das zunächst einmal für 'Gesundheit' und 'Wohlstand' steht. Darum wird im weihnachtsgesang (Lk 2,14) wird der Ausdruck 'Frieden im Himmel' zu 'Frieden auf Erden' und wird in die zweite Zeile versetzt. Vom Synonym wird die Parallele symbiotisch", Magne J., *Le "Gloria in excelsis"*, "Ephemerides Liturgicae" 25 (1986) 370.

7 La expresión "Paz en el cielo" (Lc. 19,38) no tiene mucho significado; aunque si con el término "paz" es necesario restituir el término hebreo *shalom*, que sobre todo significa 'salud' y 'prosperidad'. Por eso en el canto de Navidad (Lc. 2,14) la expresión 'Paz en el cielo' se convierte en 'Paz en la tierra' y pasa en segundo lugar. De sinónimo el paralelismo se convierte en simbiótico. MAGNE J., "*Gloria in exelsis*", "Ephemerides Liturgicae" 25 (1986) 370.

8 *Atti Armeni di Bartolomeo*; in MORALDI L., *Apocrifi del Nuovo Testamento*, II, Torino 1971, 1623. A proposito dell'elogio di Gesù ("Ecco un Israelita"), mi piace ricordare che l'antica esegesi alessandrina giocava sulla etimologia di *Israhel*, interpretandolo "mente che vede Dio" (cf le omelie origeniane su *Gen* 15,3 ovvero su *Num* 11,4).

8 *Armenian Acts of Bartholomew*; in MORALDI L., *Apocrifi del Nuovo Testamento*, II, Rutin 1971, 1623. Concerning Christ's words of praise ("Behold an Israelite"), I am pleased to recall that ancient exegesis in Alessandria played on the etymology of Israhel, interpreting it to mean "a mind which sees God" (cf. *Homily of Origin on Genesis 15:3* or *on Numbers 11:4*).

8 *Atti Armeni di Bartolomeo*, in MORALDI L., *Apocrifi del Nuovo Testamento*, II, Torino 1971, 1623. A propos de l'éloge de Jésus ("Voici vraiment un Isréalite") il me plaît de rappeler que l'antique exégèse alexandrine jouait sur l'étymologie de *Israhel* l'interprétant comme "esprit qui voit Dieu" (cf. les homélies d'Origène sur *Gn* 15, 3 ou sur *Nb* 11, 4).

8 *Atti Armeni di Bartolomeo*; in MORALDI L., *Apocrifi del Nuovo Testamento*, II, Torino 1971, 1623. Bezüglich des Lobes Jesu ("Ein Israelit") möchte ich daran erinnern, dass die antike Exegese Alexandriens mit der Etymologie von *Israhel* spielte und sie als "Geist, der Gott sieht" interpretierte (vgl. Die Homelien des Origenes zur *Gen* 15,3 oder zu *Num* 11,4).

8 *Atti Armeni di Bartolomeo*; en MORALDI L., *Apocrifi del Nuovo Testamento*, II, Turín 1971, 1623. A propósito del elogio de Jesús ("He aquí un verdadero israelita") me gusta recordar que la antigua exégesis alejandrina jugaba sobre la etimología de Israhel interpretándolo "mente que ve a Dios" (cfr. las homilías originarias sobre *Gen* 15,3, o también sobre *Num* 11,4)

9 GIUSEPPE FLAVIO, *Antiquitates iudaicae*, 18,23.

10 *Atti di San Marco*; cf *Apocrifi*, 1633.

11 In nessun testo neotestamentario la *Vulgata* usa tanto *deprecor* quanto nel Secondo Vangelo; in Mc 6,56 i Genesaretani per la guarigione dei loro infermi; in Mc 7,32 la folla di Sidone per il sordomuto.

11 In no New Testament text does the Vulgate use the term *deprecor* as much as in the Second Gospel; in Mark 6:56 the people of Genesareth ask for the healing of their sick; in Mark 7:32, the crowd of Sidon ask for the healing of a boy who is deaf and mute.

11 Dans aucun texte néo-testamentaire la *Vulgate* n'utilise autant *deprecor* que dans le deuxième Evangile; en Mc 6, 56, les habitants de Génésaret pour la guérison de leurs malades; en Mc 7, 32 la foule de Sidon pour le sourd-muet.

11 In keinem anderen neu-testamentarischen Text verwendet die *Vulgata* so häufig *deprecor* wie im zweiten Evangelium; in Mk 6,56 die Einwohner von Genesareth für die Heilung ihrer Kranken; in Mk 7,32 die Menge von Sidon für den Taubstummen.

11 En ningún texto del Nuevo Testamento la *Vulgata* usa tanto *deprecor* cuanto en el Segundo Evangelio; en Mc 6,56 los gerasenos para la salud de sus enfermos; en Mc 7,32 la muchedumbre de Sidón para el sordomudo.

Indice

Presentazione 3
Giacomo 11
Giovanni 11
Bartolomeo 13
Filippo 13
Tommaso 15
Matteo 15
Simone 16
Giacomo 16
Mattia 18
Taddeo 18
Marco 19
Barnaba 20

Index

Preface 23
James 31
John 32
Bartholomew 32
Philip 34
Thomas 35
Matthew 36
Simon 38
James 38
Matthias 38
Thaddeus 39
Mark 40
Barnabas 41

Index

Préface 43
Jacques 51
Jean 52
Barthélemy 52
Philippe 54
Thomas 55
Matthieu 56
Simon 58
Jacques 58
Matthias 59
Thaddée 59
Marc 60
Barnabé 61

Inhalt

Einleitung 63
Jacob 71
Johannes 72
Bartholomäus 74
Philipp 74
Thomas 76
Matthäus 76
Simon 77
Jakob 78
Matthias 78
Thaddäus 80
Markus 80
Barnabas 81

Indice

Prefacio 85
Santiago 93
Juan 94
Bartolomé 94
Felipe 96
Tomás 97
Mateo 98
Simón 98
Santiago 100
Matías 100
Tadeo 101
Marcos 101
Bernabé 102